雷蒙德·威廉斯乡村文化思想研究

Raymond William's Thought on Rural Culture

徐淑丽 著

中国社会科学出版社

图书在版编目（CIP）数据

雷蒙德·威廉斯乡村文化思想研究／徐淑丽著．—北京：中国社会科学出版社，2020.7

ISBN 978-7-5203-6818-6

Ⅰ.①雷… Ⅱ.①徐… Ⅲ.①雷蒙德·威廉斯—文化社会学—思想评论 Ⅳ.①G05

中国版本图书馆 CIP 数据核字(2020)第 129343 号

出 版 人 赵剑英
责任编辑 张 潜
责任校对 杨 林
责任印制 王 超

出 版 中国社会科学出版社
社 址 北京鼓楼西大街甲 158 号
邮 编 100720
网 址 http://www.csspw.cn
发 行 部 010-84083685
门 市 部 010-84029450
经 销 新华书店及其他书店

印 刷 北京明恒达印务有限公司
装 订 廊坊市广阳区广增装订厂
版 次 2020 年 7 月第 1 版
印 次 2020 年 7 月第 1 次印刷

开 本 710×1000 1/16
印 张 13.75
字 数 180 千字
定 价 79.00 元

凡购买中国社会科学出版社图书，如有质量问题请与本社营销中心联系调换
电话：010-84083683

目　　录

绪　论

一　问题缘起

英国第一代新左派思想家、文化研究的奠基人之一雷蒙德·威廉斯（Raymond Williams，1921—1988）素以研究内容的斑驳繁杂著称。他的作品涵盖哲学、社会学、文化理论、文学批评、小说创作、戏剧和新闻传媒等不同领域，所以他的学生特里·伊格尔顿说“他是图书管理员的冤家和噩梦”[①]。威廉斯研究至今兴盛不衰也与此有关，研究者从“感觉结构”“关键词”“文化唯物主义”“戏剧”“传媒”“文化研究”等不同视角深入发掘，以威廉斯的文化观点作为剖析当今文化现象的重要理论工具。

威廉斯著述颇丰，仅出版成书的就有三十余部。然而，从当前的威廉斯研究来看，人们所依据的文本通常是公认的“重要作品”，如《文化与社会》《漫长的革命》《希望的源泉：文化、民主社会主义》《政治与文学》《马克思主义与文学》《乡村与城市》和《关键词》等。研究主题相对集中，甚至高度重复。正是由于对威廉斯“不太重要”作品的忽略，使得威廉斯思想的丰富性并未得到完全开掘。在小册子《科贝特》中，威廉斯勾勒出知识分子威廉·

① ［英］特里·伊格尔顿：《历史中的政治、哲学与爱欲》，马海良译，中国社会科学出版社1999年版，第264页。

科贝特在面对乡村变迁时的思想发展历程；在文学批评专著《从狄更斯到劳伦斯的英国小说》中，威廉斯力图通过分析19世纪小说来探索英国从乡村社会转变为城市社会之后共同体的变化情况；小说《第二代》《忠诚》中的那些充满文化冲突的故事多发生在乡村或近郊；而《边村》《为马诺德而战》《布莱克山区的人们》的场景则完全被置于威廉斯幼时成长的布莱克山区，展现出当地乡村居民所经历的社会与文化变迁；威廉斯身后出版的文集《谁为威尔士代言？民族、文化、身份》收入了大量威廉斯在20世纪80年代以威尔士地方文化为主题撰写的书评与演讲稿。纵观威廉斯在不同时期的作品便不难发现，对乡村的关注和思考始终是贯穿威廉斯思想的主线。这条主线曾经在《乡村与城市》中得到明显展现，但更多的时候它隐而不彰，暗含于从《文化与社会》到《布莱克山区的人们》的所有作品。在发表于1982年的《社会主义与生态》一文中，威廉斯明确指出他对乡村问题的重视："我是在乡村经济背景下出生和成长的，我目前最关注的问题大多也仍在这个方面。"① 然而威廉斯对于乡村主题的长期思考，却一直没有引起研究者足够关注。

威廉斯在赞美戴维·赫伯特·劳伦斯时说："他恰巧生活在某种边界，因而能够将工业的和农业的英国尽收眼底。"② 实际上威廉斯本人也具有这种优势。威廉斯出生在威尔士与英格兰边界的乡村地区，向南看去，是威尔士新兴工业区的熊熊炉火与热闹喧嚣；向北看去，依然是古老的、人口日益减少的威尔士农业地带。两种不同的经济形式，引发了威廉斯对与之相对应的两种不同文化的思考。威廉斯看到，由于资本主义农业生产关系的形成，乡村经济早已不是单一的农业经济，传统意义上的农民在英国也早就不存在

---

① Raymond Williams, *Resources of Hope: Culture, Democracy, Socialism*, Robin Gable, ed., London. New York: Verso, 1989, p. 213.

② Raymond Williams, *Culture and Society 1780 - 1950*, Garden City: Anchor Books, 1960, p. 221.

了。乡村居民包含了农场主、手工业者、劳工、工业工人、邮递员、牧师等形形色色的人群，所以乡村文化也逐渐表现出许多同城市文化相交融的特征。借用威廉斯的话说，“乡村和城市这两个表面上相互对立、毫不相干的概念，实际上却是密不可分的。它们共同存在于资本主义经济充满危机的总体发展过程之中，是现代资本主义经济造成了它们在形式上的差别”[①]。

威廉斯在《社区的重要性》一文中也指出：“这些存在巨大差异的社区——乡村社区和工业社区——之间的联系至今为止还没有得到充分的探讨。”[②] 正是因为看到英国学者在这一领域内的缺憾，威廉斯越来越多地将乡村文化与城市文化联系在一起进行研究。在20世纪70年代初出版的《乡村与城市》中，威廉斯已经开始将逝去的英国与现代英国、乡村文化与城市文化联系在一起予以考察与反思。在之后的作品中，威廉斯一方面反思工业发展给农业文明带来的巨大冲击，另一方面试图寻找乡村文化传统在现代工业社会中的发展路径。他不但关注社会转型时期的文化变迁，同时也关注由此造成的文学主题的变化；不但关注新兴大众文化，也注重对乡村文化传统所遇到的问题与困境进行梳理与探讨。乡村文化思想成为威廉斯思想中不可或缺的一部分，所以唯有对其进行认真剖析才能真正全面而深入地理解威廉斯的整套文化理论，忽略乡村文化思想的威廉斯文化研究也必然是不完整的。无论是与威廉斯同时代的爱德华·汤普森、理查德·霍加特，还是后来的伯明翰研究中心，都将城市新兴工业文化当作研究重心。因此威廉斯对乡村文化的思考，也就成为了解当时英国知识分子乡村文化观的不可多得的资料。威廉斯的乡村文化思想和涉及乡村题材的作品一直没有引起我

① Raymond Williams, *Resources of Hope*: *Culture*, *Democracy*, *Socialism*, Robin Gable, ed., London. New York: Verso, 1989, p. 227.

② Ibid., p. 114.

国学者的足够重视，他的小说“《边村》”（*Border Country*）甚至被误译为“《边境国家》”[①] 或“《边界之国》”[②]，这种现象有待于改观。

威廉斯是在对英国文化进行梳理与传承的过程中逐步展现出其乡村文化思想脉络的。在成名作《文化与社会》中，乡村只是被偶尔提及，并非威廉斯重点关注的对象。在20世纪60年代发表的小说《边村》中，威廉斯将故事的主要场景设置在乡村，明显开始有意识地对乡村问题进行思索。到1973年发表《乡村与城市》时，威廉斯已经将乡村文化视为与城市文化同等重要的主题。威廉斯其他作品如《从狄更斯到劳伦斯的英国小说》和《希望的源泉：文化、民主、社会主义》均对乡村文化在工业发展过程中所经历的挑战或变化进行分析，而小说《为马诺德而战》《第二代》《忠诚》和《布莱克山区的人们》则是完全以威尔士乡村为背景，展现了威尔士人民在社会急剧变化的进程中所经历的心灵动荡。在发表于20世纪80年代、后来收入《谁为威尔士代言？民族、文化、身份》一书的二十多篇书评、论文与演讲稿中，威廉斯从不同角度剖析了威尔士乡村在经济和文化上受压抑的原因和历程。可以看出，随着时间发展，威廉斯越来越多地将目光投向了威尔士乡村，对乡村的思考也越来越深入和成熟。

在英国乡村已经被边缘化的20世纪，威廉斯对乡村文化的关注与梳理不但及时，而且必要。首先，威廉斯的乡村文化思想是对英国文化传统的梳理与反思。他致力于对乡村文化中具有当下意义的内容进行发掘，因此对乡村共同体、乡村教育和威尔士民族文化等不同内容都有独到见解。无论是在小说还是在理论著作中，威廉斯对乡村的描述都不是倾诉、抗争或揭露式的。展现乡村资本主义

---

① 张亮、熊婴编：《伦理、文化与社会主义：英国新左派早期读本》，江苏人民出版社2013年版，第369页。

② ［英］特里·伊格尔顿：《历史中的政治、哲学与爱欲》，马海良译，中国社会科学出版社1999年版，第258页。

工业经济之恶的工作已经由 19 世纪的作家完成，威廉斯要做的，只是冷静地回望英国历史悠久的乡村文化，从中提取那些随着农业文明的解体逐渐远去却对英国文化曾经起过重大作用并依然具有当下意义的思想精髓。那些与乡村生产与生活方式密切相关的价值、情感与伦理对于英国人民的团结与凝聚至今仍然具有十分重要的意义。其次，威廉斯的乡村文化思想包含了他对英国社会未来发展的思考。威廉斯思想中的乡村情结并非怀旧所致，而是出于他对乡村现状与未来的长期探究。作为世界上第一个工业化国家，英国从农业文明向工业文明的转变，在某种程度上代表着世界经济发展的大趋势。目前无论是欧洲还是美洲都已经不存在农业人口超过半数的国家，就连 1949 年新中国成立伊始农业经济占主导地位的中国，农业人口也从当时的 85% 左右降至 50% 左右。传统乡村社会的迅速解体成为世界上许多国家未来发展的重要特征，如何促进现代性的进程成为这些国家面临的重要问题。因此威廉斯对工业经济急剧发展时期的英国乡村文化的观察以及对未来的思考，无疑是一种极具远见和洞察力的开创之举。

本书选取威廉斯作为英国乡村文化研究的切入点，除了考虑到威廉斯在英国文化研究史上的卓越贡献与独特地位外，还有更为现实的思考。首先，威廉斯作为具有马克思主义理论素养的批评家，能够从英国经济关系变迁的视角看待文化现象，从而抓住问题之本质。其次，威廉斯不但对英国乡村文学和文化传统进行了梳理，而且对英国乡村传统瓦解之后的文化走向进行了探索，是一位在英国乡村文化研究史上具有承前启后意义的理论家。最后，威廉斯作为英国文化研究的奠基人之一，具有像爱德华·汤普森和理查德·霍加特等其他左派思想家所没有的文学创作和解读优势。威廉斯曾就读于剑桥大学英语系，既擅长进行文学批评，又从事文学创作，能够在进行社会理论分析时辅之以这两种不同路径，从多个侧面表达自己对乡村文化的理解与思考。

因为“英国马克思主义思想根源于英国文学文化”[①]，并且威廉斯本人的理论也常常在文学批评和文学创作中展开，所以本书采用文本细读的方式分析威廉斯的小说与理论作品。通过这种分析，本书研究威廉斯对乡村题材比其他新左派思想家更为关注的原因，分析威廉斯乡村文化理论的内容与特征，并确立其乡村文化思想在整个威廉斯文化思想中的地位，最终分析威廉斯乡村文化理论的意义与局限。

二　国内外研究现状

国内对威廉斯的研究早在20世纪末就已开始。1993年王尔勃将艾伦·奥康纳对《马克思主义与文学》的评论[②]介绍到国内，这是对威廉斯比较早的关注。傅德根的博士学位论文《走向文化唯物主义》（1998）以时间为线索对威廉斯思想的形成以及影响进行了阐述，是国内第一篇专门以威廉斯为研究主题的博士学位论文。

威廉斯思想真正开始成为学术热点是在21世纪初，大量研究专著与博士论文开始井喷式涌现。截至2018年10月，国内以威廉斯思想为主题的研究专著和博士学位论文已经有十余部。赵国新的《背离与整合——雷蒙德·威廉斯与英国文化研究》（2001）以时间为主线阐述了威廉斯思想中文化与社会、情感结构、文化唯物主义等核心问题。吴治平在专著《雷蒙德·威廉斯的文化理论研究》（2006）中不但对威廉斯时代的文化研究背景进行了梳理，还重点对威廉斯在文化领域内的主要贡献进行了评述，并对威廉斯之后的文化发展状态进行了概况与总结。刘进的博士学位论文《文学与

① ［美］丹尼斯·德沃金：《文化马克思主义在战后英国》，李凤丹译，人民出版社2008年版，第60页。

② ［英］艾伦·奥康纳：《雷蒙德·威廉斯的〈马克思主义与文学〉及“文化唯物主义”理论》，王尔勃译，《齐齐哈尔师范学院学报》1993年第3期。

“文化革命”：雷蒙德·威廉斯的文学批判研究》（2007）是第一篇从文学角度论述威廉斯在文化领域贡献的博士学位论文，但该论文的研究对象主要是威廉斯的文学批评理论，威廉斯本人的小说作品未被提及。樊柯的博士学位论文《走向文化社会学——威廉斯文化思想研究》（2010）从社会学角度对威廉斯文化生产与传播等理论进行了论述。

林洪的博士学位论文《雷蒙德·威廉斯的“文化唯物主义”研究》（2010）以文化唯物主义为脉络，对威廉斯文化思想的形成、主要内容、文化唯物主义视域下的戏剧、小说和传播理论进行了论述。论文最后对威廉斯的文化唯物主义与结构主义马克思主义等思想予以比较研究，从而将威廉斯文化唯物主义思想的优缺点进行了辨析，这是该论文的一大亮点。许继红的博士学位论文《雷蒙德·威廉斯技术阐释学思想研究》（2010）和侯岩的《雷蒙德·威廉斯的马克思主义文化传播学研究》（2010）分别从科技哲学和马克思主义视角探讨了威廉斯在现代文化传播领域的开拓，使威廉斯研究更加专门化。

王晗的博士学位论文《雷蒙德·威廉斯的文化社会学思想研究》（2011）对威廉斯的文化社会学理论再度表示关注，对威廉斯的文化理论从生产、传播、构型等多个角度进行了论述，并对文化社会学视域中的文学理论进行了剖析。该论文涵盖威廉斯思想的多个角度，但未就其中某个角度进行深入论证。舒开智的专著《雷蒙德·威廉斯文化唯物主义理论研究》（2011），以文化、语言、文学、意识形态作为文化唯物论的关键词，通过将威廉斯思想与时间和社会的关联达到对威廉斯文化唯物主义的反思与批判。该书未局限于对威廉斯的文化唯物主义思想进行介绍性论述，而是在把握威廉斯思想的基础上对其进行理性反思与批判。当许多国内研究者为威廉斯在诸如经济基础与上层建筑关系上不同于马克思的论断不断喝彩的时候，舒开智指出威廉斯理论的不足就显得难能可贵。赵传珍的博士学位论文《文化理论中的政治哲学：评雷蒙德·威廉斯的历史唯物主义思想》（2012）和李丽的《雷蒙德·威廉斯的文化哲学思想研究》（2015）不涉及威廉斯文化传播和文学理论，致力于在哲学层面上分析威廉斯在经济基础与上层建筑、意识形态理论以及文化唯物主义理论等哲学层面所做的开拓。韩瑞峰的《感知结构：雷蒙·威廉斯的理论追寻》（2015），赵金平的《雷蒙·威廉斯共同文化思想研究》（2015），高杨的《小说与文化：雷蒙·威廉斯的小说批评研究》（2018）和李丽的《英国工人阶级文化与教育思想研究——以霍加特、威廉斯和汤普森为考察中心》（2018），均从某个具体观点或视角着手分析威廉斯理论，研究范围的缩小使得对威廉斯思想的认识进一步深入。

威廉斯研究的热潮不仅表现为学位论文与专著的高密度出产，还表现在对威廉斯作品的不断译介。2004 年阎嘉翻译的《现代主义的政治——反对新国教派》由商务印书馆出版。之后，《关键词》《现代悲剧》《马克思主义与文学》《政治与文学》《文化与社会》《乡村与城市》《希望的源泉：文化、民主、社会主义》的中文译本相继出版。其中陆建德先生为《关键词》一书撰写的序言，对威廉斯在文化研究史上的意义予以了深入分析与精准评价；《马克思主义与文学》的译者王尔勃撰写的译序清晰地勾勒出威廉斯思想的发展脉络。这些作品都是威廉斯研究的重要成果，有助于读者和研究者进一步理解威廉斯理论。威廉斯著述颇丰，目前仍有多部作品未被引入，可以预见在未来数年之内会有更多威廉斯的作品被译介到国内。

从时间上来看，国内对威廉斯的研究呈逐年递增之势；从研究内容来看，研究者所涉及的领域在逐步拓宽。除博士学位论文、研究专著与译著之外，相关硕士学位论文、期刊论文也呈逐年递增之势。截至2018年10月，知网数据库中题名含“雷蒙德·威廉斯”的硕士学位论文就有29篇，篇名含“威廉斯”的期刊论文也有79篇之多。以威廉斯理论分析小说、传媒、社会现象的作品更是多到难以计数。期刊论文形式短小灵活，可以就不同领域内的个别具体问题进行深入探讨，从而使得威廉斯研究达到前所未有的盛况。

总体来看，虽然国内学者的研究视域在拓宽，但是对威廉斯的专门研究仍处在阐释和深化理解阶段。不但对不同观点的比较分析不够充分，而且对威廉斯文化思想中的现实关怀也未予充分探讨。大多数学者的研究仍主要建立在《文化与社会》《关键词》《漫长的革命》《现代主义的政治》《马克思主义与文学》《乡村与城市》等被公认为重要作品的基础之上，对于威廉斯关于乡村的著述关注不多，因而视角常局限于“文化唯物主义”“文学理论”“文化社会学”或“文化哲学”等层面上，忽略了威廉斯作品中一直存在乡村文化主题。

从各种论文集、研究专著、选集不断得到出版和再版的状况来看，西方对威廉斯的研究仍主要集中于英国本土。在过去的几十年里，威廉斯一直是不同文化领域内学者高度关注的理论大家。

作为一名多产的批评家与作家，威廉斯生前虽然尚未获得今天这样令人瞩目的地位，但在文化界已经得到极大关注。他的《文化与社会》和《漫长的革命》出版后，当时的期刊和报纸登载了不少对这两本书的书评。尽管文化界对威廉斯的思想与写作方式褒贬不一，但在1979年莱斯利·约翰逊（Lesley Johnson）的著作《从马修·阿诺德到雷蒙德·威廉斯的文化批评家》（*The Cultural Critics from Matthew Arnold to Raymond Williams*）中，已经把威廉斯置于同阿诺德和利维斯同等重要的地位。1981年J. P. 沃德（John Powell Ward）出版了最早专门论述威廉斯思想的专著《雷蒙德·威廉斯》。这本精练简短的小册子对威廉斯的主要作品进行了简要探讨，在认可威廉斯成就的同时，也指出了威廉斯表述含混等缺点。

威廉斯在评论乔治·奥威尔的时候指出，“对重要思想家的观点，人们只能逐渐理解和检验”[①]，这一评价也适用于威廉斯自身。威廉斯在世时新作不断出现，针对他的作品的各种书评也散见于各期刊报纸。这些评论虽然对威廉斯作品的独创性予以认可，却也常常对威廉斯的思想内容与写作方式提出质疑。威廉斯对此习以为常，他在接受《新左派评论》编辑的访谈时坦然地承认，小说《第二代》发表后，“就像《边村》受到了广泛赞美一样，它受到了几乎同样广泛的批评”[②]。后来给威廉斯带来巨大声望的《乡村与城市》一书在批评界也颇有争议。有学者认为威廉斯行文笨拙，书中所引诗歌与小说包含了诸多不为人熟知的作品，难免给读者造成阅读障碍；另外，威廉斯对“感觉结构”这一术语“不加解释地使用，似乎认定所有读者都读过他先前的八本著作”[③]。亦有学者对威廉斯以文学作品分析社会变迁的研究方法提出质疑，认为从现实中提取小说素材和从小说中提取现实只会让现实模糊不清，也会使作者看待真相的视野遭到扭曲。[④] 尽管威廉斯的作品屡遭诟病，但 1988 年威廉斯去世时，特里·伊格尔顿、弗雷德·英格里斯、斯图亚特·霍尔、爱德华·汤普森和爱德华·赛义德等著名学者均纷纷撰写文章表达纪念与哀思。他们对威廉斯对英国文化领域的贡献予以高度赞扬，威廉斯在英国文化研究史上的地位从此得到了广泛认可。

威廉斯去世不久，简·格拉克（Jan Gorak）出版了专著《雷蒙德·威廉斯的异己心灵》（*The Alien Mind of Raymond Williams*,

---

① Raymond Williams, *Culture and Society 1780 – 1950*, Garden City: Anchor Books, 1960, p. 304.

② ［英］雷蒙德·威廉斯：《政治与文学》，樊柯、王卫芬译，河南大学出版社 2010 年版，第 287 页。

③ Johah Raskin, “The Country and the City by Raymond Williams”, *Science & Society*, Vol. 39, No. 4 (Winter, 1975/1976), pp. 481 – 484.

④ R. L. Brett, “The Country and the City by Raymond Williams”, *The Review of English Studies*, Vol. 25, No. 99 (Aug., 1974), pp. 366 – 369.

1988）。该书认为威廉斯最终疏远了他曾经属于的阶级、威尔士民族以及他所共事的精英阶层知识分子，所以疏离是威廉斯作品中始终存在的隐含主题。后来的威廉斯研究者很少持有同样的观点，明显不赞成格拉克的判断。一年后，威廉斯的学生特里·伊格尔顿发表《希望之旅的资源：雷蒙德·威廉斯》（*Resources for a Journey of Hope: Raymond Williams*, 1989）一文，对威廉斯在不同时期的重要作品做出了回顾和高度评价。[①] 这篇文章为后来的威廉斯研究定下了基调，成为威廉斯的支持者频频引用的经典之作。1991 年伊格尔顿编辑的论文集《雷蒙德·威廉斯：批评的视角》（*Raymond Williams: Critical Perspective*）出版。此书还收入了艾伦·奥康纳整理的威廉斯作品名录，为威廉斯研究者在收集资料方面提供了极大便利。继伊格尔顿之后，越来越多的学者对威廉斯思想表现出浓厚兴趣，他们重新编辑威廉斯文稿、出版论文集、评论专著等，威廉斯研究渐成显学。虽然威廉斯也常被指有对后殖民主义、女性主义不够关注等缺点，但相对于威廉斯在文化研究领域内的巨大贡献来讲，这些缺点瑕不掩瑜已经是学界共识。

在伊格尔顿之后最能代表威廉斯研究新进展的是以下几部专著和论文集。托尼·平克尼（Tony Pinkney）的专著《雷蒙德·威廉斯》（*Raymond Williams*, 1991），主要从空间理论和现代主义、后现代主义思想分析威廉斯小说“威尔士三部曲”以及《志愿者》《忠诚》和《布莱克山区的人们》，这是第一部专门研究威廉斯小说的专著。美国学者丹尼斯·L. 德沃金（Dennis L. Dworkin）等编辑的论文集《超越边界的见解》（*Views beyond the Border Country*, 1993）收录了来自 12 名学者的论文，探讨了《边村》中的“感觉结构”、威廉斯的现实主义和现代主义特征、威廉斯与殖民主义、

① ［英］特里·伊格尔顿：《历史中的政治、哲学、爱欲》，马海良译，中国社会科学出版社 1999 年版，第 255—266 页。

后殖民主义的关系等多个方面。该书不但研究视野宽广，而且分析问题透彻，是一部研究威廉斯思想的力作。之后不久，约翰·埃尔德里奇与莉齐·埃尔德里奇（John Eldridge and Lizzie Eldridge）出版合著《雷蒙德·威廉斯：创造联系》（*Raymond Williams*：*Making Connection*，1994），作者不但评述了威廉斯的理论作品，而且对威廉斯小说《边村》《志愿者》和《忠诚》也都进行了系统的解读。杰夫·华莱士（Jeff Wallace）编写了论文集《雷蒙德·威廉斯今论：知识、局限与未来》（*Raymond Williams Now*：*Knowledge*，*Limits*，*and the Future*，1997）。该书的8篇评论性文章来自不同学者，其中包括后来编写《雷蒙德·威廉斯论文化和社会》（*Raymond Williams on Culture & Society*）的吉姆·麦圭根（Jim McGuan）和先前编写《雷蒙德·威廉斯：创造联系》的莉齐·埃尔德里奇。书中的论文将威廉斯的理论置于整个西方文论体系中进行考察，不断将威廉斯与哈贝马斯的理论、福山历史终结论等内容进行对比研究，这种视角的创新是该书的一大亮点。此后，约翰·希金斯（John Higgins）的专著《文学、马克思主义和文化唯物主义》（*Raymond Williams*：*Literature*，*Marxism*，*and Cultural Materialism*，1999）出版，该书涉及威廉斯文学、戏剧、传媒思想、文化唯物主义，并对威廉斯与考德威尔、阿尔都塞在思想上的关联以及威廉斯对形式主义的思考进行了分析。对戏剧、传媒理论的关注表明威廉斯研究的视野已逐步拓宽。

进入21世纪后，学术界对威廉斯的研究继续向纵深发展。保罗·琼斯在专著《雷蒙德·威廉斯的文化社会学：批判性重构》（*Raymond William's Sociology of Culture*：*A Critical Reconstruction*，2004）中从社会学角度对威廉斯思想进行了深入分析，对威廉斯思想从早期到成熟期的发展脉络、演进过程及优缺点等都做了详细而深刻的辨析。莫妮卡·赛德尔（Monica Seidl）等编写了论文集

《关于雷蒙德·威廉斯》(*About Raymond Williams*, 2010),该书共包含14篇来自不同学者的论文,分析问题透彻,研究视角从威廉斯教育理论到传媒理论不一而足。威廉斯研究专家约翰·希金斯的一篇论文被收入书中,该文不但对当前研究者误读甚至歪曲威廉斯的现象进行了评述,还对德沃金(Dennis L. Dworkin)的《超越边界的见解》(*Views beyond the Border Country*)一书进行了批判,认为该书题目以"超越"一词哗众取宠,"超越"未成反而不断露拙。希金斯的论断表明,英国学界正在逐渐展开对威廉斯研究的反思,开始在充满批判与反省的学术氛围中推进威廉斯研究的发展。豪厄尔·罗兰·迪克斯(Hywel Rowland Dix)的《雷蒙德·威廉斯之后:文化唯物主义以及英国的断裂》(*After Raymond Williams: Cultural Materialism and the Break-up of Britain*, 2008)是一部在博士学位论文基础上形成的专著,对威廉斯思想中的威尔士意识、反殖民主义意识和电影理论等都有所论述。该书时常援引与威廉斯思想无关的作品,使得主题离散,所以在学界反响不大。

除了论文集外,威廉斯的传记体作品也相继出现。1995年弗雷德·英格里斯(Fred Inglis)在传记《雷蒙德·威廉斯》(*Raymond Williams*)中对威廉斯的生平做了详细记载。该书对威廉斯每一阶段的研究成果和影响都做了记叙。作者通过采访威廉斯的亲友、邻居、同事、朋友获得了大量一手材料,这部具有口述史性质的传记为后来的威廉斯研究者提供了极大便利。英格里斯在书中披露,他写这部传记的同时,另一位学者达伊·史密斯(Dai Smith)也在进行威廉斯传记的撰写工作。能够获得两位知名学者同时为同一人立传的殊荣,足以说明威廉斯思想在英国学界影响力之大。同在1995年,克里斯托弗·普伦德加斯特(Christopher Prendergast)的评论专著《文化唯物主义:论雷蒙德·威廉斯》(*Cultural Materialism: on Raymond Williams*)出版,该书主要从经典哲学角度分析威廉斯的文化唯物主义思想。2005 年，艾伦·奥康纳（Alan O'Connor）撰写的传记《雷蒙德·威廉斯》（*Raymond Williams*）出版。除威廉斯的生活背景之外，该书更多的是从传媒角度理解威廉斯对英国文化的贡献。2009 年达伊·史密斯（Dai Smith）创作的传记《雷蒙德·威廉斯：一个战斗者的故事》（*Raymond Williams: a Warrior's Tale*）出版，该书的一个重要特色是介绍了 1926 年英国全国工人大罢工的情形及其对当时社会的影响，还原了威廉斯早年生活的宏观历史语境。后半部分将对威廉斯生活细节和写作历程的描述融为一体，既是威廉斯的传记，又是威廉斯的思想史。

美国印第安纳大学万·A. 珀西（Van A. Percy）的博士学位论文《雷蒙德·威廉斯与文化：接受研究》（*Raymond Williams and Culture: A Reception Study*，2002）从哲学角度讲述了威廉斯对英国文化传统的承继和威廉斯思想被后来学者接受的历程，力图确立威廉斯在英国文化发展脉络上的位置。该文运用读者接受理论剖析了威廉斯在总体性、美学自主性、现实主义等领域所做的开拓性工作，不但关涉威廉斯对阿诺德、艾略特等前人思想的接受情况，而且论述了后来的女性主义、后殖民主义批评家对威廉斯思想的接受与吸收。

除了研究专著和博士学位论文外，英国学者还对威廉斯的作品进行了收集整理工作。他们将威廉斯的演讲和发表于期刊报纸上的论文、随笔收集整理成册，使得威廉斯的作品能够以完整的面貌呈现和留存。此类作品有罗宾·盖博（Robin Gable）编辑的《希望的源泉：文化、民主、社会主义》（*Resources of Hope: Culture, Democracy, Socialism*，1989）、托尼·平克尼编辑的《现代主义的政治：反对新国教派》（*The Politics of Modernism: Against the New Conformist*，1989）、艾伦·奥康纳（Alan O'Connor）编辑的《雷蒙德·威廉斯论电视》（*Raymond Williams on Television*，1989）、约翰·希金斯的《雷蒙德·威廉斯读本》（*The Raymond Williams Reader*, 2001）、丹尼尔·威廉斯（Daniel Williams）编写并作序的《谁为威尔士代言？民族、文化、身份》（*Who Speaks for Wales? Nation, Culture, Identity*, 2003）、吉姆·麦可圭根（Jim McGuan）编辑的《雷蒙德·威廉斯论文化和社会》（*Raymond Williams on Culture & Society*, 2014）和《雷蒙德·威廉斯：短暂的反转——再看〈迈向2000年〉》（*Raymond Williams: A Short Counter Revolution: Towards 2000, Revisited*, 2015）。这些书选取的均是编者认为在当今社会仍然具有重要意义的作品。另外，研究者还在期刊报纸上发表运用威廉斯的理论剖析当代文化现象的论文，如2013年德纳·波兰（Dana Polan）在《戏剧杂志》发表的《威廉斯论电影》，就是对威廉斯在电影方面创见的评析。

回顾英国的威廉斯研究可以发现，学界对他一直保持着浓厚的兴趣。研究者不但将关注的内容从最初的文化、社会学逐渐扩展到文学、教育、电影、传媒技术等多个领域，而且逐渐将威廉斯思想当作分析当代社会文化现象与问题的理论工具。但是值得注意的是，英国的威廉斯研究基本上处于各自为政的状态，对威廉斯论文的选编未成体系并且时有重复，真正涵盖威廉斯不同时期作品的全集并未出现。虽然多部传记体作品相继面世，但内容难出新意。除此之外，当前的威廉斯研究多以被公认的重要作品为依据，对《科贝特》《奥威尔》《边村》《为马诺德而战》《布莱克山区的人们》等与乡村题材有关的作品研究成果不多，对威廉斯作品中蕴含的乡村文化思想也就没有进行深入而系统的探究。近年来由威尔士政府发起的“威尔士图书馆”项目将威廉斯的小说列入出版计划，《边村》等以威尔士为背景的作品不断得到再版。或许威尔士政府的推动，可以改变威廉斯研究忽视乡村主题的现状。

威廉斯以乡村文化思想为出发点和现实依据，逐渐形成了以文化唯物主义为标志的理论。他以乡村文化为起点的探索，为英国文化传统与英国现代性的顺利对接起到了重要作用。由于威廉斯时代的英国同当代中国在社会变革、文化和历史语境中具有诸多相似之处，所以威廉斯思想与中国社会也具有一定的契合性。本书一个重要的写作目的，就是通过剖析威廉斯乡村文化思想，为中国实施乡村振兴战略和进行精神文明建设提供参照视野。

第一章

思想渊源

作为第一代新左派重要思想家，雷蒙德·威廉斯无论是在英国本土还是在中国都享有盛誉。然而中外学者对威廉斯的出身背景时常表述不一，极为含混。许多研究者忽视威廉斯的乡村背景，将威廉斯简单地描述为工人阶级之子，这显然不能解释为什么威廉斯比其他来自工人阶级家庭的思想家更为关注乡村题材。因此，对威廉斯家庭出身的界定就成为正本清源之举，对理解威廉斯乡村文化思想的发轫具有重要意义。除了家庭出身外，英国乡村文化传统在威廉斯思想中也打下了清晰的烙印。具体来讲，英国乡村文化传统对威廉斯的影响，很大程度上是经由威廉·科贝特、弗·雷·利维斯和英国经典文学来完成的。在威廉斯不同时期的著述中，马克思主义作为一种研究方法和社会理想贯穿始终。由于马克思主义对威廉斯乡村文化思想的影响主要在于方法论和立场，所以本章没有进行专门阐述。对于威廉斯马克思主义信念的形成和对社会主义社会的期待，将在第三章予以详细分析。

第一节　威廉斯的乡村背景

在专著《雷蒙德·威廉斯的文化社会学》中，保尔·琼斯称威廉斯为“来自工人阶级家庭的奖学金男孩”[1]。像保尔·琼斯这样将威廉斯视为工人阶级的子弟的学者不在少数，他们无视威廉斯的乡村背景，一再称之为“工人阶级的后代”[2]“来自威尔士工人阶级家庭的威廉斯”[3]。就连威廉斯研究专家艾伦·奥康纳，也声称威廉斯“出生于威尔士与英格兰边界附近的一个工人阶级家庭”[4]。奥康纳已经提到威廉斯来自偏远地区，但他关注的重心仍在“工人阶级家庭”上，并没有真正重视威廉斯的乡村背景。然而，威廉斯真的来自工人阶级家庭吗？

威廉斯素喜将其政治立场归结于个人经历，作品中有不少自传式描述，所以获知威廉斯的个人生活经历并非难事。由于威廉斯思想与其生活经历有着千丝万缕的联系，所以对威廉斯出身背景的准确界定，对全面而深入地理解威廉斯思想、开拓威廉斯研究的新视角具有重要意义。纵观威廉斯在不同时期的作品，可以发现威廉斯本人在不同场合下对自己出身背景的陈述并不一致。因此，对威廉斯家庭出身的准确定位就成为理解威廉斯思想的重要前提。

一　并非单一的家庭背景

威廉斯出生的潘迪村位于威尔士与英格兰边界的布莱克山区，这一地带后来成为《乡村与城市》《边村》《为马诺德而战》《布莱克山区的人们》等作品中不断出现的场景。威廉斯的祖先世代务农，只是到了威廉斯父亲这一代才开始跟工业有了直接关联。威廉斯的父亲是铁路信号工人，这也是威廉斯后来经常说自己来自工人

---

① Paul Jones, *Raymond William's Sociology of Culture: a Critical Construction*, New York: Palgrave Macmillan, 2004, p. 4.

② 吴治平：《雷蒙德·威廉斯文化理论研究》，甘肃人民出版社 2006 年版，“前言”第 1 页。

③ Dai Smith, *Raymond Williams: a Warrior's Tale*, Cardigan: Parthian, 2008, p. 7.

④ Alan O'Connor, *Raymond Williams*, Lanham: Roman & Littlefield Publishers, Inc., 2006, p. 1.

阶级家庭的原因。但是学者弗雷德·英格里斯的考证使得威廉斯的工人阶级出身令人生疑。英格里斯发现，“像无数生活在从农业向工业秩序转变边界的家庭一样，他们的生计既不能离开，也不能完全依赖农业或工业的任何一方”[①]。换句话说，当地多数工人同土地等生产资料之间的纽带尚未完全切断，他们的生活方式兼具农民与工人的特征。威廉斯的父亲做铁路信号工人的收入根本无法维持全家生计，所以从事农业种植并非仅为贴补家用，而是重要的生活来源。威廉斯的父亲在工作之余种菜、养蜂并出售农产品，母亲除料理家务之外也帮着在地里劳动。一家人不但生活方式跟普通农民非常相似，思想上也未表现出明显差异。农民们会在雨天到铁路信号亭里找信号工人聊天，威廉斯的父亲最好的朋友就是一位农民。威廉斯的父亲在收获季节会给这位朋友帮忙，还在朋友地里种上几垄土豆，以节省自家开支。工业社会中那种典型的工农差异在威廉斯的生活中并不存在。

在具有自传性质的小说《边村》中，信号工人哈利的乡村生活被描述得兴味盎然。威廉斯对养蜂、蔬菜移栽等细节津津乐道，若不是具有长期的乡村生活体验，断难刻画出如此栩栩如生的生活图景。威廉斯也经常提到哈利在铁路信号亭里工作时的情景，但小说每到此时就开始惜墨如金，文笔也略显凝滞生涩，失去了描述乡村生活时的灵动与生趣。毕竟对于父亲的工人阶级生活，威廉斯只是一个旁观者；但对于父亲的农民生活，威廉斯却是零距离的观察者与直接参与者。《边村》中曾仔细描述过马修跟随父亲收集蜂蜜时的情景，那是威廉斯本人童年乡村生活的生动再现。后来威廉斯在提到这部花费了他大量心血的小说时指出，“当我在 1940 年代晚期开始写这部小说时，显然还有一个地方仍然是以工人阶级童年时代

① Fred Inglis, *Raymond Williams*, London and New York: Routledge, 1995, p. 20.

而存在着的"[1]。威廉斯认为家乡工人阶级尚处于"童年时代"，是因为当时工人阶级正处于从乡村劳动者向无产阶级工人转变的过程中。这一描述也足以表明威廉斯的父亲所属的"工人阶级"与典型的城市工人阶级仍具有很大差别。

乡村生活对威廉斯精神面貌的影响即使在威廉斯成年之后依然无比清晰。根据威廉斯的学生特里·伊格尔顿的描述，威廉斯"长相和说话不像一个大学教师，更像乡下人，热情而质朴"[2]。伊格尔顿与威廉斯先是师生关系，后做了同事，对威廉斯了解颇深，因此对威廉斯外表特征的总结也是基于对其出身背景的充分了解。"像乡下人"的威廉斯满怀对精英社会的疏离感，他不但很不适应为剑桥大学那些权贵阶层的孩子授课，而且思想中也表现出日益明显的非精英主义特征。他对出身乡村而又关注乡村生活的19世纪激进分子威廉·科贝特敬重有加，除在《文化与社会》《乡村与城市》中梳理科贝特的乡村文化思想外，还出版了小册子《科贝特》，并在其他作品如《希望的源泉：文化、民主、社会主义》《漫长的革命》《政治与文学》中不断提及科贝特，对这位具有浓厚乡村情结的知识分子极为尊崇。除此之外，在《从狄更斯到劳伦斯的英国小说》中，威廉斯也展现出与精英主义理论家在批评视角上的分歧。同样是对乔治·艾略特作品的评论，利维斯在《伟大的传统》中将道德作为重要的评判标准，而威廉斯所关注的却是作品在多大程度上体现了英国乡村在工业化进程中遭遇的危机。在《文化与社会》和《乡村与城市》中，威廉斯对简·奥斯丁、托马斯·哈代等作家写作水准的判断，也多是依据作品是否充分体现了英国工业化进程中乡村在经济和阶级结构上的变化。

---

① ［英］雷蒙德·威廉斯：《现代主义的政治——反对新国教派》，阎嘉译，商务印书馆2002年版，第263页。

② ［英］特里·伊格尔顿：《历史中的政治、哲学、爱欲》，马海良译，中国社会科学出版社1999年版，第255页。

美国马克思主义批评家弗雷德里克·詹姆逊在论及现代农业状况时曾说，农业“现在变成了与其他工业一样的一种工业，农民也完全变成了工人”[①]。詹姆逊所说的状况在英国很早就已经存在，在资本主义的农业生产方式中，“工人”已经不只涵盖城市中的工厂劳动者，那些被农业资本家所雇用、在乡村从事农耕的农民在本质上也是工人。所以，即便威廉斯不断提及自己的工人阶级身份，也不能就因此简单地将威廉斯视为城市工人阶级的代言人。实际上威廉斯所指的“工人阶级”（working - class），在很多场合下也包含了乡村劳工等劳动者。或许是由于对英国乡村经济背景缺乏足够认识，许多中国学者以中国农业现状来猜度威廉斯时代的乡村状况，将工人阶级和乡村生活方式视为非此即彼的关系，从而把威廉斯的出身背景简单化了。如果仅仅将威廉斯视为工人阶级的代言人，便容易忽略威廉斯的乡村出身和在乡村文化领域内的开拓之功，从而限制了自己的研究视野。伊格尔顿洞察了乡村经历在威廉斯生活方式和思想上留下的印痕，将威廉斯称为“农村工人阶级”[②]之子，这应该是对威廉斯家庭出身最为准确的界定了。

二　前后不一的自我表述

威廉斯早年持左派利维斯主义立场，写作重心主要在文学批评、戏剧和电影理论，此时威廉斯对威尔士家乡是疏离的。据威廉斯在《文化与社会》1987年版前言中所说，他在1945年之后遇到了“信仰危机和归属危机”[③]。在《文化与社会》出版后的整整30

---

① ［美］弗雷德里克·詹姆逊：《时间的种子》，王逢振译，江苏教育出版社2006年版，第23页。

② ［英］特里·伊格尔顿：《历史中的政治、哲学、爱欲》，马海良译，中国社会科学出版社1999年版，第255页。

③ ［英］雷蒙德·威廉斯：《文化与社会》，高晓玲译，吉林出版集团有限公司2011年版，“前言”第4页。

年里，威尔士乡村成为威廉斯写作中从隐到现、从未中断的主题。正因如此，威廉斯的生前好友托尼·平克尼在为威廉斯撰写的传记中说："他对这片他出生、成长、或许从未真正离开的土地心怀挚爱，在他的六部小说中，这片土地以非凡的细节出现在每一页。"① 平克尼所说的这六部小说均出版于20世纪60年代之后，小说中威尔士意识的凸显恰好与威廉斯逐步摆脱信仰危机并获得归属感的步调一致。正是在以威尔士乡村为主题的小说创作中，威廉斯完成了从威尔士乡村工人阶级子弟向城市左派知识分子过渡的精神之旅。这位从边界乡村走出的思想家最终又回到了自己的家乡，在威尔士乡村中找到了归属感，克服了精神危机。

在长期的写作和评论中，威廉斯对其家庭出身前后不一的表述是误导读者和研究者的重要原因。早在1958年出版的《文化与社会》中，威廉斯已经流露出对威尔士乡村和劳动大众的关注。谈到乡村共同体时，威廉斯写道："对我来说（我想补充一点，我出生在乡村一个世代务农的家庭），这个共同体到20世纪30年代依然存在。"② 威廉斯清楚地表明了自己的乡村出身，对于父亲的铁路信号工人身份则只字未提。在同年完成的《文化是平常的》一文中，威廉斯同样避谈自己的工人阶级出身，却对自己在威尔士边界乡村的生活状态做出了详细表述。

在《文化与社会》之后，威廉斯又多次强调自己的乡村背景。在1960年出版的小说《边村》中，威廉斯借描述知识分子马修·普莱斯还乡后内心的微妙活动，表达了对威尔士故土的深厚情感。在接下来的几十年里，威廉斯对威尔士乡村保持了持续的关注。在1973年出版的《乡村与城市》中，为表明自己对乡村的深刻了解，

---

① Tony Pinkney, *Raymond Williams*, Brigend: Poetry Wales Press Ltd, 1991, p. ix.

② Raymond Williams, *Culture and Society 1780 - 1950*, Garden City: Anchor Books, 1960, p. 278.

威廉斯一再申明："英国已经是一个以城市和工业为主的国家，但我却出生在一个偏远的村庄里。""我出生在一个村子里，现在仍然居住在一个村子里。"[①] 此时威廉斯主要强调的是自己的乡村出身，对父亲的信号工人身份很少提及。在1977年发表的短文《1926年的意义》和《社区的重要性》中，威廉斯也多次提到家乡"以乡村和以农业为主的经济环境"[②]。在1979年出版的《政治与文学》中，威廉斯再度详细描述了自己与乡村的紧密联系。他表明自己出生的潘迪村是一个以农业为主导的村庄，"具有典型的威尔士乡村结构"；他的父亲不但在"还是一个小孩子的时候就作为农场劳动力开始干活了"，并且在成为铁路信号工人以后依然被"羁绊在直接归属的地方，与特有的家庭农场绑缚在一起"[③]。

威廉斯不但在创作中对乡村主题予以关注，而且越来越多地参与到威尔士乡村文化建设实践中来。威廉斯的生前好友达伊·史密斯在传记《雷蒙德·威廉斯》中记载，他第一次见到威廉斯是在1976年，在接下来的12年里，威廉斯"越来越频繁地回到威尔士"[④]。威廉斯回到家乡参加以威尔士文化发展为主题的会议并发表相关演讲，还为威尔士作家撰写了不少书评，这些作品后来收入《谁为威尔士代言？民族、文化、身份》一书。从书中的作品可以看出，从20世纪70年代末开始，威廉斯对威尔士文化传统的关注度呈明显上升趋势。除此之外，威廉斯未竟之作《布莱克山区的人们》也是将场景设在威廉斯家乡的历史小说。可以看出，虽然威廉斯早年依靠自身努力离开乡村、栖身于城市知识分子阶层，却又在

---

① Raymond Williams, *The Country and the City*, New York: Oxford University Press, 1973, pp. 2 – 3.

② Raymond Williams, *Resources of Hope: Culture, Democracy, Socialism*, Robin Gable, ed., London. New York: Verso, 1989, p. 105.

③ ［英］雷蒙德·威廉斯：《政治与文学》，樊柯、王卫芬译，河南大学出版社2010年版，第1页。

④ Dai Smith, *Raymond Williams: a Warrior's Tale*, Cardigan: Parthian, 2008, p. ix.

后半生不断努力向家乡折返，以寻找自己的精神家园。

当然，威廉斯在强调自己的乡村经验和关注威尔士乡村文化的同时，并未放弃为工人阶级代言的立场。威廉斯多次明确指出，他“成长于一个工人阶级家庭”[①]。1977 年出版的《马克思主义与文学》中，为了说明自己具有接受马克思主义理论的天然优势，威廉斯指出：“我的工人阶级家庭出身使我接受了这些学说所主张和阐述的基本政治立场”。[②] 可见“工人阶级”与“乡村”的双重出身背景使威廉斯的创作走向了两条并行不悖的路线。他一方面从自己的工人阶级背景出发为大众文化摇旗呐喊，另一方面又视自己为乡村之子，竭力将乡村从被歪曲和忽视的状态中拯救出来。正是因为拥有这两条平行的思想发展脉络，威廉斯在陈述自身家庭背景时，总是根据不同场合选择最合适的表达方式。

威廉斯对“乡村”与“工人阶级”家庭背景的交替性表述，反映出威廉斯对乡村劳动者与工人阶级的同等重视。威廉斯一直注重大众文化研究，试图在文化层面打破统治阶级的控制与操纵，从而为大众争取更多民主和权益。威廉斯深知，反抗统治阶级的文化霸权，不能仅仅依靠城市工人阶级，还要联合乡村劳动者。尽管工业革命之后英国乡村人口锐减，但乡村中仍然蕴含着同资产阶级对抗的重要力量。为了消除当时英国精英知识分子对乡村形象的歪曲，威廉斯做了大量工作。一方面，他以中国和古巴等国家的革命历程展现乡村所蕴含的巨大潜力，反对当时把乡村视为愚昧与不开化地区的观点；另一方面，威廉斯批判对乡村进行乌托邦式美化的做法，从而解构了精英主义知识分子通过缅怀昔日美好乡村而贬低城市大众文化的企图。威廉斯的做法，使乡村与城市站到了同等的

---

① Raymond Williams, *Resources of Hope: Culture, Democracy, Socialism*, Robin Gable, ed., London. New York: Verso, 1989, p. 72.

② ［英］雷蒙德·威廉斯：《马克思主义与文学》，王尔勃、周莉译，河南大学出版社 2008 年版，第 2 页。

地位，打破了乡村与城市的二元对立。当城市与乡村被置于互相依存、共同发展的关系之中后，威廉斯为大众争取文化与政治权益的行为也就成为惠及无数劳动者的“共同利益”。

三　保守而激进的立场

威廉斯保守而激进的立场，与威廉斯的双重出身背景有着密不可分的联系。威廉斯幼年生活的偏僻乡村，无论是从经济结构还是阶级状况来看，都不是那种经受过工业革命涤荡和摧残的典型英国乡村，也不存在激烈的阶级冲突。正因如此，虽然威廉斯在理论上熟知乡村各种社会矛盾的存在，但是在小说创作中却对阶级之间的斗争缺乏清晰而深刻的表达。《新左派评论》对威廉斯小说作品的保守进行了批评，指出《边村》中信号工人哈利被塑造成没有内心冲突的和谐形象显然不符合社会现实；而且虽然小说以 1926 年工人大罢工为背景，但大资产阶级在小说中从未真正出现。《为马诺德而战》也同样受到了指责，因为小说将大学教师假想为阶级敌人，作为真正剥削者和压迫者的大资产阶级却并没有真正在场。面对批评，威廉斯承认作品中的确存在此类缺点。

威廉斯思想保守的另一个具体体现，是他对“共同体”的热衷远胜于对阶级斗争的关注。由于“共同体”一词并非威廉斯首创，所以威廉斯将“共同体”视为内涵不言自明的词语直接加以运用。尽管威廉斯曾在《关键词》一书中梳理了“共同体”的词源与语义变迁史，但对其当代意义的界定仍然相当含混。威廉斯对共同体的表述，很大程度上依赖于对乡村生活的回忆。他指出，“我使用共同体的方式实际上停留在我威尔士记忆的基础上”[①]。威廉斯对共同体思想予以扩展，提出了独特的“可知共同体”概念。在“可

---

① ［英］雷蒙德·威廉斯：《政治与文学》，樊柯、王卫芬译，河南大学出版社 2010 年版，第 103 页。

知共同体”中，人与人之间互相了解并遵循着同样的风俗与处事方式，这也是威廉斯理想中的社会状态。威廉斯在剑桥大学读书时，有教师提出如今的人已经不能理解莎士比亚时代的邻里关系了，威廉斯辩驳说这种邻里关系在他生活的乡村里仍然存在。威廉斯所说的邻里关系，实际上就是他所一贯向往的乡村“可知共同体”。尽管威廉斯反对利维斯主义对过去有机社会的缅怀，但实际上从威廉斯对乡村“可知共同体”的推崇中也可以看出他对英国过去美好乡村的怀念。另外，小说《边村》等作品中充满淡淡乡愁的乡村景色描写，都可以看出威廉斯思想深处保守的利维斯主义痕迹。

威尔士乡村没有典型阶级冲突的状态造成了威廉斯思想的保守，但威尔士受压抑的地位又激发了威廉斯思想中激进的一面。自19世纪40年代起，英国在学校教育中推行“英语化”进程，威尔士语因此遭受重创。统治者为了将英格兰文化强加于威尔士人，在威尔士建立了文法学校，对说威尔士语的孩子进行惩罚。在文法学校接受过教育的威廉斯一度对自己的威尔士特性极为排斥，后来通过阅读历史书籍和与具有威尔士意识的知识分子接触才最终清算了这种思想。这种经历使威廉斯对统治阶级文化霸权的理解更为深刻，也产生了极大反感。1983年，在充满威尔士民族主义情绪的短文《威尔士与英格兰》中，威廉斯表达了对英国统治者压迫与掠夺性开发威尔士的不满。他认为英帝国一味为满足工业扩张而对威尔士铁矿和煤炭进行开采，从未考虑威尔士本身的经济发展需求；这种开发不但瓦解了威尔士原有的乡村经济，而且使威尔士文化在整个英国文化中的地位越来越边缘化。威廉斯继而对当时的英国教育体制进行了抨击。虽然出身寒微的威廉斯得以进入剑桥大学接受精英教育，但威廉斯并没有背弃原有的阶级立场，他对挑选少数平民子弟进行精英教育的做法非常反感。威廉斯一针见血地指出，这种教育并未以广大劳动者的福祉为出发点，本质上只是为了给统治阶级培养服务人员而进行的“奴仆训练”。[①] 威廉斯言辞犀利，伊格尔顿因此说威廉斯“知恩不报，以怨还德”[②]，这种评价实际上是对威廉斯社会批判精神的褒奖。

威廉斯对精英文化的批判和对大众文化的支持，也是从还原乡村真相入手的。19 世纪英国经济结构发生了翻天覆地的变化，英国成为一个地地道道的工业社会和城市社会。随着经济发展对国内农业的依赖性日益降低，乡村人口剧减，农业日益凋敝。此时资产阶级精英知识分子却将乡村生活刻画得和谐静谧，美好如浪漫主义田园诗篇。与之相对应，城市被打造成喧嚣、世俗、追名逐利之所。这种做法不但使乡村文化无法与城市大众文化相融，反而迅速被边缘化，而且对大众文化也起到了贬抑作用。作为从乡村走出的知识分子，威廉斯对乡村社会有着敏锐的观察和深刻的理解。他清楚地看到主导文化对乡村文化的歪曲和借此对工人阶级文化进行的打压，于是在《乡村与城市》中对“昔日美好乡村”意象进行了解构。威廉斯指出，乡村并非乌托邦式的美好田园，而是同城市一样经历了工业化进程的涤荡，形成了城市中同样存在的资本主义剥削关系。威廉斯的批判，使得借缅怀乡村美好社会而对大众文化进行批判的思想无处遁形。正是因为威廉斯等人的努力，大众文化才最终获得了应有的地位。威廉斯不但关心英国乡村，还尖锐地抨击资产阶级对世界范围内劳动人民的残酷剥削。他指出，“英国总体生活水准的提高，很大程度上依赖于对千千万万被视作落后民族或土著人群的剥削”[③]。在威廉斯眼里，那些被英国掠夺的国家实际上

---

① Raymond Williams, *Culture and Society 1780 – 1950*, Garden City: Anchor Books, 1960, p. 348.

② ［英］特里·伊格尔顿：《历史中的政治、哲学、爱欲》，马海良译，中国社会科学出版社 1999 年版，第 260 页。

③ Raymond Williams, *The Country and the City*, New York: Oxford University Press, 1973, p. 283.

是被英国当成了可提供廉价劳动力和物质资源的乡村，它们被牺牲以成全英国的工业发展。威廉斯从乡村经济视角出发，对英国资本主义的批判彻底而深刻。

许多激进分子会随着年岁增长渐趋保守，但威廉斯却反其道而行之，思想日益激进。在20世纪60年代末出版的《传播》与《现代悲剧》中，威廉斯对资本主义在文化与政治上的操控进行了尖锐的批判。进入20世纪70年代后，威廉斯愈发斗志昂扬，他不但极力改变新兴工人阶级文化被主导文化压抑的状态，而且将处于更边缘的乡村文化重新带回人们的视野。威廉斯聚焦英国乡村，从经典文学作品中“读出一部欺诈、犯罪和暴力的反对劳动人民的漫长历史”①，从而形成了《乡村与城市》一书。看到英国经典文学中出于不同意识形态需要而对乡村形象进行的歪曲，威廉斯萌生了为威尔士人民撰写文化发展史的愿望。他的三卷本小说《布莱克山区的人们》，就是从远古时代一路走来的威尔士社会变迁史。不同于精英阶层自上而下看待历史的方式，威廉斯从劳动人民的底层视角考察社会发展脉络。只可惜威廉斯只完成了前两卷便溘然长逝，这部小说遂成未竟之作，很少引起研究者注意。威廉斯思想中越来越浓重的乡村文化倾向以及在乡村文化中激进而保守的特征，也成为很少被关注的话题。

乡村生活经历对威廉斯乡村文化思想，乃至威廉斯的整个理论体系影响深远。威廉斯因此具有比纯粹工人阶级出身的文化理论家更为开阔的视野，而且他对英国从传统乡村文化向城市工业文化转变的历程也理解得更为深刻。历史学家爱德华·汤普森曾在伍斯特郡山峦起伏的乡村公寓中居住，威廉斯因此戏称他的理论是“乡村

① ［英］特里·伊格尔顿：《历史中的政治、哲学、爱欲》，马海良译，中国社会科学出版社1999年版，第261页。

马克思主义”[1]。实际上威廉斯未曾认识到，他本人在文化领域已经占据了“乡村马克思主义”的重要阵地。他在关注工人阶级新兴文化的同时，将作为残余文化的乡村文化重新带回人们的视野，以新兴文化和残余文化共同对抗主导文化的霸权与收编。对乡村和城市的同步关注使得他对英国社会中非主导文化的了解完整而全面。正是在为乡村文化和城市大众文化争得与主导文化平等地位的过程中，威廉斯形成了自己完整的文化思想。正因如此，对威廉斯乡村背景的重视，有助于发掘威廉斯思想中一直被忽视的乡村文化主题，以便从中汲取对我国城乡文化建设有参照意义的内容。

第二节　英国乡村文化传统

威廉斯文化思想是在对多种文化理论与思潮进行批判吸收的基础上形成的。除了马克思主义思想外，威廉斯亦明显受到吕西安·戈德曼和葛兰西等人的影响。但是威廉斯乡村文化思想最重要的渊源，还是英国本土文化传统。从《乡村与城市》《从狄更斯到劳伦斯的英国小说》等作品中，均可以看出威廉斯深厚的英国文化根基。威廉斯对乡村的思考，很大程度上是他在马克思主义唯物史观视域下吸收威廉·科贝特、弗·雷·利维斯和英国文学传统的思想精髓，并结合英国社会现实进行深入思考的结果。

一　科贝特乡村文化思想

雷蒙德·威廉斯的思想内容极其丰富多元，其理论渊源亦是难以清晰辨识。研究者一般认为，在威廉斯文化思想的形成过程中，马修·阿诺德和弗·雷·利维斯起到了重要作用。倘若从威廉斯在

---

① ［英］佩里·安德森：《思想的谱系——西方思潮左与右》，袁银传等译，社会科学文献出版社2010年版，第218页。

大众文化方面的贡献来看，阿诺德和利维斯的思想的确为威廉斯打好了坚实的基础。然而对于威廉斯在《乡村与城市》和小说“威尔士三部曲”等作品中体现出的乡村文化思想，精英主义知识分子阿诺德和利维斯却无法为其提供足够的理论准备。任何思想家的理论体系都不能横空出世，其思想或多或少会受到前人的启发，通过对前人那些经历过时间考验与历史积淀的经验或思想进行总结、深化和拓展而形成。对威廉斯乡村文化思想来说，这个启发者，便是英国激进知识分子威廉·科贝特。立足乡村，以非精英视角透视社会现状、关注工业发展过程中乡村阶级流动问题以及引发的危机、反对统治阶级文化霸权，威廉斯在这些领域内的探索均体现出对科贝特乡村文化思想的传承与发展。

（一）非精英立场

威廉·科贝特（1762—1835）在英国文化史上影响甚广，但其重要性常常被我国学者所低估。科贝特的作品展现了工业革命对英国乡村与城市的早期影响，对英国工业进程进行了批判性思考。为了说明科贝特对英国文化批判的源头性作用，威廉斯指出：“马克思在早期著述中批判资本主义的言辞，很多都是来自柯勒律治、伯克以及科贝特。”[①] 威廉斯所言非虚，仅在《资本论》的“所谓原始积累”一章中，马克思就两次直接借用科贝特之语来批判资本主义体制下英国社会的不公。

与威廉斯同时代的英国历史学家爱德华·汤普森也对科贝特极为关注。他在成名作《英国工人阶级的形成》中不但有专门论述科贝特的一节，而且在全书中频繁引用科贝特的观点。但是汤普森对科贝特时褒时贬，称其言辞“颇为尖酸刻薄”[②]，甚至冷嘲热讽地

---

① Raymond Williams, *Culture and Society 1780 - 1950*, Garden City: Anchor Books, 1960, p. 22.

② ［英］爱德华·汤普森：《英国工人阶级的形成》（下），钱乘旦等译，译林出版社2013年版，第530页。

指出，“科贝特有一些非常愚蠢和自相矛盾的想法，有时他还把一些貌似有理的观点强加给他的读者”[①]。比较而言，威廉斯对科贝特就颇具好感。他在《文化与社会》中开篇就指出，在分析工业革命时期的英国文化时，“完全可以将那些影响深远的人物及思想进行对比，借此开始我们的研究”[②]。而在“那些影响深远的人物”中，威廉斯首先对比的就是埃德蒙·伯克和威廉·科贝特。威廉斯在该书中论述威廉·莫里斯的观点时，也不断与科贝特进行比较。在《乡村与城市》《漫长的革命》等论著中，威廉斯亦不断援引科贝特的言论以支持自己的观点，表现出对科贝特思想的高度认同。威廉斯甚至在 1983 年出版小册子《科贝特》，专门分析科贝特的重要思想。威廉斯一生涉猎广泛，仔细研究过的学者不计其数，《科贝特》与《乔治·奥威尔》成为威廉斯仅有的两本人物专著，足见二人在威廉斯心目中的分量。

科贝特对威廉斯的影响是多方面的，科贝特的文化研究方式就是其中之一。在《科贝特》一书中，威廉斯提到了科贝特在写作中涉及的三个主题：贫穷、劳动和财产；自由与民主；教育与媒体。威廉斯对这种主题式研究进行了发展与超越，最终形成了对后世影响颇深的“关键词研究”。科贝特说，“用‘贫困’这个词时，我真正想要表述的是真正的缺衣少食，以及不健康不体面居住状况”[③]。威廉斯发现科贝特在解释“贫困”一词时，将 19 世纪初期农民的收入与 18 世纪 60—70 年代的状况相比较，采用的是历史的、政治的研究方法。这种方法威廉斯在《关键词》和《文化与社会》中也曾运用，在《乡村与城市》中威廉斯更是把文学经典也还原到社会历史与政治语境中进行分析，这种思路明显是受到科

---

① ［英］爱德华·汤普森：《英国工人阶级的形成》（下），钱乘旦等译，译林出版社 2013 年版，第 882 页。

② Raymond Williams, *Culture and Society 1780－1950*, Garden City: Anchor Books, 1960, p. 3.

③ Raymond Williams: *Cobbett*, Oxford, Oxford University Press, 1983, p. 28.

贝特的启发。除此之外，两人就连写作风格也颇为相似。科贝特的《骑马乡行纪》中朴实的文风、对日常语言的运用和对乡村自然风光的热爱在威廉斯的《边村》等小说中都可以找到痕迹。

威廉斯对科贝特的特别情感可以从两人的家庭背景中找到渊源。科贝特同威廉斯一样在乡村长大，年轻时参军入伍，后来成为关注社会与政治的公共知识分子。科贝特一生都对农业兴趣浓厚，甚至专门著书传授种植经验，这种对乡村生活的热情同威廉斯的父亲极为相似。在威廉斯具有自传性质的小说《边村》中，信号工人哈利·普莱斯的乡村生活其实就是威廉斯的父亲哈利的真实生活状态。如本章第一节所言，威廉斯的半农民家庭背景经常遭到研究者忽略。国内学者提到威廉斯的出身时虽然会提到他出生于英国“威尔士边境乡村中的一位铁路工人家庭”①，但研究者通常看到的是“他的工人阶级出身”②，认为他是“一个来自威尔士工人阶级家庭背景的青年代表”③。实际上，威廉斯的父亲哈利积极从事农业并非仅为贴补家用，而是一种实实在在的谋生方式。威廉斯早年的生活也更像一个农家子弟而非工人阶级之子。威廉斯在回到剑桥大学任教之后，周围精英主义的文化氛围和生活气息使得他对那里的教学和生活都很不适应。了解了威廉斯的乡村生活背景，便能理解威廉斯在《边村》《布莱克山区的人们》《为马诺德而战》等小说中体现出来的对乡村主题的偏重以及在理论专著《乡村与城市》中对乡村文化的密切关注。只有真正在乡村中生活过的人，才能像威廉斯与科贝特那样对乡村生活有细致而深入的观察，并真正关注乡村政治经济变化给人们的生活带来的深远影响。

---

① 王尔勃：《雷蒙德·威廉斯及其晚期代表作〈马克思主义与文学〉》，《马克思主义美学研究》2001 年第 4 期。

② 杨击：《雷蒙德·威廉斯和英国文化研究》，《现代传播》2003 年第 2 期。

③ 张平功：《文化是寻常的——略论雷蒙德·威廉斯的文化社会学》，《学术研究》2013 年第 4 期。

科贝特曾因言辞偏激而遭牢狱之灾，但他毫不畏惧，内心始终将乡村劳动人民的疾苦放在第一位。威廉斯认为，“正是这种罕见的全心全意‘将人们放在第一位’的观念成为科贝特社会立场的基础”[①]。当代英国学者伊恩·迪克也指出，科贝特“已经被牢牢地同乡村形象与乡村经验捆绑在一起，而这一点是他不愿也无法摆脱的”[②]。科贝特对乡村的观察不是自上而下进行的，而是将自己当作底层群体的一员与普通百姓同呼吸共命运。对此威廉斯满心赞赏地评论说，“科贝特展现给我们的，是从大多数人生活状况的角度做出的细致的社会观察”[③]。站在“大多数人生活状况”的角度进行社会观察在当时确实难能可贵，这也是作为马克思主义批评家的威廉斯所能够给予的最高褒奖。威廉斯对科贝特的欣赏也暗示了他本人的创作倾向，他不赞成利维斯等人将文化未来寄托于少数人的精英主义思想，也不赞成布鲁姆斯伯里团体极度关注自我的颓废与张扬。同科贝特一样，威廉斯将“大多数人”的福祉当作自己的奋斗目标。他在文学批评中极为关注作品对普通人物命运的刻画，维多利亚时期作家狄更斯和乔治·艾略特能够得到威廉斯的青睐，很大程度上就是因为他们的作品体现了社会动荡时期城市与乡村中小人物的生活。他著书立说为大众文化正名、亲自撰写以乡村为背景的小说“威尔士三部曲”引发人们对乡村的关注，竭力为工人阶级和乡村劳动者在文化上争取与精英主义文化同等的地位。

虽然科贝特与威廉斯都具有独特的乡村情怀，但他们并不排斥工业发展和新兴技术。这一点对威廉斯来说尤其难能可贵、意义非凡。科贝特所处时代，英国国力强盛，海外殖民地大肆扩张。但到

---

① Raymond Williams, *Cobbett*, Oxford: Oxford University Press, 1983, p. 76.

② Ian Dyck, *William Cobbett and Rural Popular Culture*, Cambridge: Cambridge University Press, 1992, p. 81.

③ Raymond Williams, *The Country and the City*, New York: Oxford University Press, 1973, p. 108.

了威廉斯生活的20世纪，英国发展速度放缓，不但逐渐失去了在资本主义社会中的霸主地位，国际影响力也逐渐下降。作为关注社会与国家的知识分子，威廉斯像马修·阿诺德那样企图从文化领域开出为国家经济振兴的良方。威廉斯清楚地看到了英国文化传统中的反工业主义倾向，于是在《乡村与城市》中通过对英国经典作品的梳理，粉碎了人们对田园生活的乌托邦式幻想，对美化乡村、敌视工业的民族心理进行了解构与颠覆。历史学爱德华·汤普森也指出前工业时代并非真正的“黄金时代”，人们赋予前工业时代“神话力量”不过是出于对过去悠闲缓慢的生活节奏的向往。[①] 威廉斯对工商业的发展持欢迎与包容态度，并试图在文化上为本国经济发展摆脱传统负累。乡村通常是一个国家现代化进程相对滞后的地带，传统思想保留得相对完整。对传统的坚守有助于增强一个民族或国家的凝聚力，但是当这种传统成为阻碍一个国家经济发展的力量时，对传统的反思与扬弃就极为必要。通过破除英国精英文化中对乡村田园文化的缅怀与眷恋，威廉斯极力清除英国传统思想中阻碍英国现代化进程的因素，以便为英国工商业发展廓清道路。威廉斯在这方面的成就与洞见是科贝特难以比肩的。

（二）乡村阶级流动

在科贝特生活的时代，资本主义制度已经开始走向成熟并渗透到乡村生活的每个角落，这些变化或早或晚会在作品中体现出来，从而导致新的乡村写作的产生。威廉斯认为，“传统已然改变，阶级之间的相互作用成为确凿无疑的历史事实并且能够开始被描述了，而科贝特就是这种写作的先驱”[②]。威廉斯所言非虚，科贝特很早就发现乡村之间阶级关系的变化，并记录下了乡村中间阶层减少

---

① ［英］爱德华·汤普森：《英国工人阶级的形成》（上），钱乘旦等译，译林出版社2013年版，第255页。

② Raymond Williams, *The Country and the City*, New York: Oxford University Press, 1973, p. 112.

的现象："从小乡绅到向上三级的乡绅（按从最小的乡绅到大贵族之间有五级来考虑）全都消失了。他们的财产，连带那些小农民，几乎全都聚集到了一个人手中。"[①] 在这种阶级流动中，科贝特关注的不是吞并了几十个乡绅田产的富豪，而是那些经历了悲惨幻灭的新贫民以及乡村面临的经济与精神双重危机。破产了的小乡绅原本殷勤有礼、依恋土地，他们熟知当地的每一个农民和劳工并经常一起娱乐。这些乡绅的存在意味着乡村相对平和宁静的生活得以延续。但是投机者的到来打破了这种宁静，他们得到土地后不事稼穑、极力盘剥，土地所有者和劳动者之间的阶级冲突变得无比明晰。不仅如此，对阶层下滑的恐慌也引发了乡村的道德混乱，通过娶有钱的寡妇或嫁富有的老头来维持生活水准的行为变得极为平常。科贝特带着讽刺的口吻讲述这样的现象，后来简·奥斯丁的小说中那些为财产而缔结的婚姻只是对这种变化极为温和的反映。

在《科贝特》一书中，威廉斯多次提到科贝特思想"激进"，这种激进促使科贝特不顾个人得失为大众福祉摇旗呐喊，极力批判资产阶级的过度盘剥和腐败黑暗。科贝特因此屡遭打击与迫害，甚至经历牢狱之灾。时光流逝，科贝特的担心终未成为现实。威廉斯来自社会底层却能成为毕业于剑桥，后来又任教于剑桥的文化名流，足以证明科贝特等有识之士为大众争取更多平等与发展机会的努力没有白费。"二战"后劳动人民的子女亦有机会进入一向被社会精英阶层垄断的名校接受教育，获得了从底层向上流动的希望，阶级矛盾已经相对缓和。

威廉斯延续了科贝特对阶级流动主题的关注，但却没有保持同样的激进色彩。在威廉斯的小说《边村》中，信号工人的儿子马修能够进入名校读书并成为大学教师，工人阶级和工场主能够成为朋

① William Cobbett, *Rural Rides*, Cambridge: Cambridge University Press, 2009, p. 312.

友，信号工人能够跟铁路部门的上司讨价还价、为因罢工失去工作的同事讨回原有职位。在威廉斯的作品中，乡村罕有明显阶级差异与冲突；即使偶有冲突也更像人物性格或误会所致，全然没有科贝特式的激进与尖锐。特里·伊格尔顿认为“马克思主义所要阐明的是男男女女为摆脱一定形式的剥削和压迫而进行斗争的历史”①，但是威廉斯已经回避了阶级斗争。威廉斯在1986年的演讲稿《文化理论的应用》中提到卢卡契、戈德曼、葛兰西、本雅明和布莱希特时，说他们的观点是“不那么正统的马克思主义文化理论”②，实际上威廉斯自己对阶级的认识，也已经算不上是正统的马克思主义了。

虽然在威廉斯的作品中乡村阶级冲突被模糊和边缘化，但这并不意味着威廉斯对阶级关系已经不再重视。从阶级共同体内部的迁出运动是威廉斯关注的重心。乡村农民阶级的流动早在科贝特时代就得到过展现，但是乡村中工人阶级的迁出运动却一直被忽视。威廉斯在对工人阶级小说进行了深入研究之后发现，早期工人阶级小说形成于资产阶级内部，是资产阶级知识分子对工人阶级经验的远距离观察。两次世界大战期间成长起来的工人阶级作家虽然开始凭借自己的经验进行写作，但是他们所表现的工人阶级生活是封闭的。所谓的工人阶级小说并未反映当下真正的社会现实，威廉斯所目睹的阶级流动并未在作品中得到应有的体现，所以威廉斯花费了大量时间与心血创作《边村》等小说以弥补这种缺憾。威廉斯的小说多以乡村为背景，对工人和农民的阶级流动都有所体现。在《边村》中，信号工人摩根在1926年大罢工失败后心灰意冷，开始经营农产品并通过与一名有资产的女子结婚获得了扩大经营的资本，

① ［英］特里·伊格尔顿：《马克思主义与文学批评》，文宝译，人民文学出版社1980年版，第2页。

② ［英］雷蒙德·威廉斯：《现代主义的政治——反对新国教派》，阎嘉译，商务印书馆2004年版，第241页。

成为一名富有的工场主。主人公马修从乡村信号工人的儿子成长为一名大学教师，也顺利实现了阶层的向上流动。《为马诺德而战》中，格温与弟弟艾弗共有一个小小的农场，却最终被商业开发公司收购而失去土地。《为马诺德而战》还提到，《边村》中靠经营农产品而发财致富的摩根已经破产。这样的阶级流动在威廉斯的作品中俯拾皆是，但威廉斯在作品中所致力于表达的并非阶级流动本身，而是阶级流动给人们带来的焦虑与迷茫。《边村》中的马修，在每一个群体中都是他者。在《为马诺德而战》中马修已经成为知名专家，他满怀捍卫家乡人民利益的信念回到故地，却被告知："不要那样跟我们说话，不要好像你就是我们其中一员似的。"[①] 许多像马修一样的乡村居民，走出乡村之后从未真正融入城市精英阶层，在精神上却已被故乡人民所放逐。

对于阶级流动带来的精神和文化危机，威廉斯并没有像科贝特那样停留在揭示问题的层面上，而是对解决这一问题的出路进行了思索。威廉斯认为阶级流动使得人们移出了原有的共同体，言语、思考、行为规则都无法顺利得到社会认同，从而产生失落感。对于像《边村》中马修那样通过教育"阶梯"实现社会阶层提升的工人或劳工家庭子女，威廉斯进行了尤为细致的分析。威廉斯认为社会中存在的"阶梯观念"本身就会引发工人阶级内部的价值冲突，会给踏上"阶梯"的人造成极大伤害，因为它意味着接受了一种被美化了的等级制度。威廉斯的最终解决方案是构建"共同文化"。威廉斯理想的"共同文化"来自一个民族的共同经验和广泛创造，而不是仅仅体现少数人的价值观与信念。这种"共同文化"是一种极为复杂的组织机构，威廉斯自己也未能给出准确的内涵界定。但威廉斯深知构建"共同文化"面临的各种困难，比如，在资本主义

---

① Raymond Williams, *The Fight for Manod*, London: The Hogarth Press, 1988, p. 170.

国家里“共同文化”会受到少数人的操控，人民无法参与对意义和价值观的表达。针对这一问题，威廉斯指出，“无论在任何阶段，我都坚定不移地相信，改变这种社会的手段必将是社会主义的手段。或者说，促使一个不同的社会产生的机构，必定是社会主义机构”[①]。

（三）反文化霸权

19世纪早期的英国乡村，大量农民破产、劳工失业，一派凋敝颓败景象。科贝特同一些志同道合的激进分子竭力为乡村劳工争取权益。尽管科贝特倾向于和平解决社会矛盾，但对于劳工的反抗，科贝特一直予以支持：“劳工们必须要填饱肚子，远离恐慌，他们的食物该来自自己的劳动而不是号称仁慈的救济！”[②] 对于资产阶级炮制的努力工作就能衣食富足的谎言，科贝特也予以驳斥，他指出乡村劳动者即使拼命劳作也仍然衣不蔽体、食不果腹。他以两便士一份的《政治纪闻》周刊为阵地，宣传自己的主张。虽然当时政府总是竭尽所能对报纸施加影响或进行操控，但是《政治纪闻》仍保持了思想独立，所以不但深受底层民众喜爱与拥护，也引起了统治阶级的警惕。威廉斯因此对科贝特极为赞赏，认为科贝特的报纸与另一位出版家伍勒所创办的报纸均是意义非凡，“它们都是独立精神的源泉，而科贝特和伍勒则将这种精神在一个新的读者群中扩展开来”[③]。除此之外，科贝特的小册子《告雇工与劳工书》也在两个月里卖掉了二十多万本，引起了很大的社会反响。当时乡村劳动者地位低下，在社会事务中没有话语权。科贝特等激进分子对劳动者反抗剥削压迫的合理性进行了辩护，为劳动大众发出了呼声。

---

① Raymond Williams, *Resources of Hope: Culture, Democracy, Socialism*, Robin Gable, ed., London. New York: Verso, 1989, p. 36.

② William Cobbett, *Rural Rides*, Cambridge: Cambridge University Press, 2009, pp. 24 – 25.

③ ［英］雷蒙德·威廉斯：《漫长的革命》，倪伟译，人民出版社2013年版，第197页。

威廉斯深知科贝特在政治和文化上的洞察力很大程度上仅仅来自直觉，“如果剥去其准确的直觉，科贝特很大程度上就是通俗记者中最糟糕的那一类”[①]。直觉性思维使得科贝特在分析乡村出现的问题时，不可避免的是基于对个别事例的观察而非对乡村整体面貌和发展趋势的把握。科贝特并不知道他所目睹的乡村凋敝与困苦是新兴资本主义工业体系发展的必然结果。威廉斯如同科贝特那样为乡村劳动者分忧并代言，但是作为一名在剑桥大学受过系统教育的马克思主义文化批评家，威廉斯以比科贝特更为深邃的目光看到了社会现象后面隐藏的深层经济和社会动因，因而也能准确地选择与科贝特不同的斗争目标。由于威廉斯时代乡村大众的生活水准较之科贝特时代已经有了极大提高，乡村要面对的首要问题已经不再是生存，而是争取平等与民主的权利。

为贬抑随着工业发展而形成的大众文化，维护精英阶层在文化上的统治地位，精英主义知识分子刻意打造出“昔日美好英格兰”的意识形态神话。这种神话以乡村有机社会的和谐美好来反衬城市大众文化的世俗，不但使大众文化处于低等文化的地位，也使乡村与城市陷于对立。威廉斯所要做的便是打破精英主义知识分子的“文化霸权”，将乡村从被遮蔽的状态中还原真实面貌。在《乡村与城市》中，威廉斯对从古希腊时代以来的大量文学作品进行了分析与梳理，粉碎了长期存在的乡村意识形态幻象。在威廉斯看来，文学中的美好乡村都是被选择过的，城市中的资本主义生产关系和阶级张力在乡村同样存在，真正的乡村同工业化进程中的城市一样充满动荡与困苦。因此，乡村与城市实际上处在同样的经济体系之中，是密不可分的统一体。威廉斯的结论不但打破了精英文化贬抑大众文化的理论前提，也使乡村摆脱了被压抑状态，获得了与城市

---

① Raymond Williams, *Culture and Society 1780 - 1950*, Garden City: Anchor Books, 1960, p. 14.

同等的地位。虽然威廉斯并未像科贝特那样通过激进的斗争直接为普通百姓争取权益，但是他对乡村文化和工人阶级文化的维护使得“大众文化”与“大众”获得了前所未有的地位。在威廉斯之前，英国文化研究已经逐步展开，但“阿诺德的文化指内在精神的完美，利维斯在一定程度上把文化变为一个语言问题”①，到威廉斯时代，文化才终于成为事关广大劳动人民的“日常生活问题”。

威廉斯一直将科贝特视为乡村写作的先驱。除《科贝特》和《文化与社会》之外，在威廉斯的一些重要作品如《漫长的革命》《政治与文学》以及《乡村与城市》中，科贝特都是不可忽略的存在。尽管威廉斯的乡村文化思想是在广泛汲取众多经典作品的精髓并结合英国社会现实的基础上形成的，但是科贝特的思想毋庸置疑是其重要的理论资源。沿着科贝特开辟的道路走来，威廉斯立足英国社会现实，在思想立场、整体思路和关注的问题等诸多方面进行了开拓，最终形成了自己独特的乡村文化思想。这种思想不但改变了整个英国文化格局，而且对其他面临乡村城镇化的国家或地区具有重要的参考意义。正因如此，这位马克思主义文化理论家才能够自信满满地说：“英国经验至今仍具有极其重要的意义：这种经验不仅表现了症状，而且在某些方面能够有助于进行诊断。”②

二 利维斯乡村文化思想

对英国文学批评家、精英主义知识分子弗·雷·利维斯，威廉斯一直尊崇有加。英国文学与文化传统对威廉斯的影响，在很大程度上是经由利维斯来完成的。威廉斯本人也坦承，自己的思想受利维斯影响甚深，他回忆说：“到剑桥后，有两个重大影响令我印象

---

① 陆建德：《弗·雷·利维斯和〈伟大的传统〉》，载弗·雷·利维斯《伟大的传统》，袁伟译，生活·读书·新知三联书店2009年版，“序言”第7页。

② Raymond Williams, *The Country and the City*, New York: Oxford University Press, 1973, p. 2.

深刻。第一个是马克思主义，第二个是利维斯的教诲。"[①] 很多批评家认为威廉斯早年走的是"左派利维斯主义"[②] 道路，利维斯对经典文学作品的评析、对新兴传播媒介的关注、对未来英国文化的思考和对教育的重视，都使威廉斯获益良多。即使威廉斯后来形成了与利维斯不同的研究思路，他对利维斯思想的承继也是不能低估的。威廉斯早期作品中均具有明显的利维斯烙印：《伟大的传统》中被视为圭臬的英国作家几乎悉数成为威廉斯的评论对象；被利维斯视为20世纪英国最伟大小说家的劳伦斯更是在威廉斯的《文化与社会》《从狄更斯到劳伦斯的英国小说》以及《乡村与城市》等多部作品中反复出现，成为威廉斯文学批评的重要主题；威廉斯乡村文化思想的雏形，也是在批判利维斯的基础上逐渐形成的。

（一）从"有机共同体"到"可知共同体"

在利维斯关于乡村的论述中，"有机共同体"思想对威廉斯影响至深。利维斯的"有机共同体"观念，是从埃德蒙·伯克的"有机社会"（organic society）衍生出来的。伯克认为，"有机社会的特征在于：强调人类活动的相关性和延续性，反对将其分裂为受各自规律支配的不同利益圈"[③]。正是因为有伯克对"有机社会"的诠释，利维斯虽在《文化与环境》和《批评的标准》等多部作品中使用"有机共同体"这一概念，但对什么是"有机共同体"并没有做出说明。威廉斯在《文化与社会》中对"有机"一词的语义发展进行了梳理，并在1976年出版的《关键词》一书中对"有机"进行了更为详细的社会学背景分析。威廉斯指出，自从浪

---

① Raymond Williams, *Resources of Hope*: *Culture*, *Democracy*, *Socialism*, Robin Gable, ed., London. New York: Verso, 1989, p. 7.

② ［英］特里·伊格尔顿：《历史中的政治、哲学、爱欲》，马海良译，中国社会科学出版社1999年版，第260页。

③ Raymond Williams, *Culture and Society 1780 – 1950*, Garden City: Anchor Books, 1960, p. 12.

漫主义运动之后，“有机”（organic）一词便包含了与工业革命前后机械式（mechanical）思想相对立的意义。在威廉斯看来，“当应用到社会组织时，organic 之意涵接近向 natural 的当代特别意涵：一个有机的社会是指‘自然成长’的社会而非‘人为创造’的社会”[①]。这种“有机社会”，其实就是威廉斯后来在《乡村与城市》中认为虚幻的社会。英国文学作品经常勾勒这种前工业时代的“有机社会”画面：风景优美、物产丰富，人们快乐地劳作并和谐相处。

受利维斯影响，威廉斯对“共同体”概念表现出极大的兴趣。在早期作品《文化与社会》和《从狄更斯到劳伦斯的英国小说》中，威廉斯都对“共同体”进行了深入而细致的探讨。在《从狄更斯到劳伦斯的英国小说》中，威廉斯不断运用“可知共同体”“有效共同体”“传统共同体”“工作共同体”等不同概念，使“共同体”成为一个极具涵盖能力的词语。在众多的共同体概念中，威廉斯使用最多的还是“可知共同体”，并在三年后出版的《乡村与城市》一书中对该词的内涵进行了专门论述。在威廉斯的“可知共同体”中，“社会和人都是可知的；人们按照既定的、共同遵守的社会与道德准则行事，某些相关观念甚至可以被认为是理所当然的”[②]。不同于“有机共同体”对人与自然和谐状态的强调，“可知共同体”侧重的是人与人之间社会关系的描述。但就其忽略阶级冲突与经济矛盾而言，二者在本质上是一致的。

威廉斯对待“可知共同体”的态度与利维斯看待“有机共同体”的态度极为相似。早在 1933 年出版的《文化与环境》一书中，利维斯就慨叹：“如今有机共同体已经消失了，它在人们的记忆中

① ［英］雷蒙德·威廉斯：《关键词》，刘建基译，生活·读书·新知三联书店 2005 年版，第 340 页。

② Raymond Williams, *The English Novel from Dickens to Lawrence*, London: The Hogarth Press, 1984, p. 15.

几乎未留踪迹，以至于教育素养再高的人也很难知晓它究竟为何物。”[①] 在《从狄更斯到劳伦斯的英国小说》中，威廉斯也以同样的语气感叹说：“简单而笼统地讲，任何对于可知共同体的假想——整个共同体，全然可知的共同体——变得越来越难延续了。”[②] 威廉斯对“可知共同体”的留恋与利维斯对“有机共同体”逝去的惋惜如出一辙。威廉斯认为，利维斯“有机共同体”观念的流行主要有五个原因，其中一个便是：“批判工业主义，支持‘与自然进程（即农业）密切相关’的社会。”[③] 也就是说，利维斯将“有机共同体”的消失归咎于工业主义的兴起。威廉斯则认为，原有乡村“可知共同体”的消失，是城市力量的壮大和劳动分工的复杂化的结果。威廉斯所归结的原因，不过是利维斯所说的工业主义影响的外在表现。由此可以看出，威廉斯的“可知共同体”与利维斯的“有机共同体”在很多时候是可以互相替换的概念。

威廉斯对共同体的思考经历了漫长而曲折的历程。发表于1960年的《边村》是威廉斯“威尔士三部曲”中的第一部，具有威廉斯自传性质。故事中的格林马尔村实际上就是威廉斯出生的潘迪村，而主人公马修·普莱斯的原型则是威廉斯本人。在故事中的格林马尔村里，工人之间团结友爱、工人与农民友情深厚、邻里之间互相照顾、房东善待房客，人们之间和谐的关系就是威廉斯所憧憬的那种“可知共同体”关系。在“三部曲”的最后一部（《为马诺德而战》）中，马修已是一名成功的经济史学专家，并被聘为马诺德乡村的开发顾问。此时的马诺德乡村，人与人之间隔阂猜忌，为

---

① F. R. Leavis, Denys Thompson, *Culture and Environment*, London: Chatto & Windus, 1964, p. 87.

② Raymond Williams, *The English Novel from Dickens to Lawrence*, London: The Hogarth Press, 1984, p. 16.

③ Raymond Williams, *Culture and Society 1780 - 1950*, Garden City: Anchor Books, 1960, p. 282.

经济利益钩心斗角。《为马诺德而战》的问世距《边村》出版已过去近20年时光，其间威廉斯的思想发生了很大变化。威廉斯认识到那种没有矛盾和冲突的快乐乡村从未真正存在过，乌托邦式的乡村生活只是人们“选择性”的记忆而已。威廉斯清楚地看到了资本主义经济如何使英国乡村传统的生活方式分崩离析，所以在《为马诺德而战》中，威廉斯展现了《边村》中曾经存在的乡村共同体的消亡。利维斯曾在《文化与环境》等作品中不断提及这种消亡，威廉斯则以小说的形式将人们内心的激荡和社会生活变化的细节生动而传神地再现出来。

在先于《为马诺德而战》6年出版的《乡村与城市》一书中，威廉斯对过去美好英格兰乡村的神话进行了批驳，指出那种没有矛盾冲突的生活只是一种意识形态操纵的结果。在《乡村与城市》中，威廉斯明确而有力地批驳了利维斯对乡村有机社会的缅怀，对自己思想中的利维斯主义残余进行了清算。在之后的写作中，威廉斯虽然仍使用“共同体”一词，但是对“可知共同体”已经鲜有提及了。然而到1977年，威廉斯在接受《新左派评论》采访时仍回忆说，在他年少时生活的威尔士乡村，“并不存在典型的城乡关系，不存在享有特权的剥削者与劳动人民之间的直接对抗，也不存在体力劳动和脑力劳动的对立”[①]。威廉斯所描述的这种没有激烈阶级冲突和矛盾的乡村生活，实际上仍然是一种“有机共同体”或“可知共同体”状态。可以看出，虽然威廉斯对利维斯的共同体观进行了批判，但在内心深处仍然无法彻底摆脱利维斯的影响。

（二）乡村文化传承意识

有文化批评家认为，利维斯对美好乡村的缅怀是由其精英主义立场造成的，目的是反对随着工业发展而兴起的大众文化。然而实

---

① ［英］雷蒙德·威廉斯：《政治与文学》，樊柯、王卫芬译，河南大学出版社2010年版，第16页。

际原因却要复杂得多。英国工业革命后大量人口迁入城市，所以“大多数城里居民的父母或祖父母即使自己不在农村长大，总归是农村子孙。这种大规模的人口迁移使城市居民对城市生活方式和社会机构的反感得到强化，那种把乡村当作怀旧之地和理想共同体的感觉也就更为浓厚”①。利维斯对乡村的缅怀，符合这些城市移民家庭的情感需求，因而获得了不少支持。这足以表明，利维斯的怀旧情结并非仅有利于精英阶层打压大众文化，还为普通大众提供了一种疏导心理焦虑的渠道。倘若将利维斯的思想仅仅理解为因反感工业文化而进行的精英主义怀旧，就难以充分认识利维斯以乡村文化传统应对现代文化危机的良苦用心。

利维斯所处的时代，英国经济上早已完成了从农业向工商业的过渡，但文化仍然处于调整适应期。随着工业发展给社会文化和道德带来的负面影响逐渐显现，人们开始对英国文化现状进行批判与反思。许多知识分子洞察了工业生产给传统生活方式和文化所造成的巨大冲击，由此产生了对工业文明的抵触心理，并转向乡村文化以从中寻求对抗工业文明的力量。利维斯乡村“有机共同体”概念满足了精英主义知识分子的这种需求，所以在当时很有市场。对工业文明的反感，使利维斯的思想不可避免地被贴上保守主义的标签。但是纵观利维斯的所有作品，便不难发现这种论断的偏颇。利维斯的思想固然有保守之处，但他的出发点绝非仅仅为精英阶层寻找灵魂避难所或文化斗争工具，而是要从英国文化传统中寻找应对现代文化危机的力量。因此，他对英国乡村文化传统的梳理与承继之功不应受到忽视。

利维斯之前也有不少英国知识分子对英国文化传统极为重视。比如，浪漫主义诗人柯勒律治就主张由一个有教养的“知识阶层”

① David Lowenthal, "Raymond Williams, the Country and the City", *Journal of Historical Geography*, Vol. 23, 1976.

(Clerisy) 来担当重任，守护与延续前工业文明时代的文化宝藏。但利维斯的不同之处在于，他不但注重知识分子对经典高雅文化的传承，而且还认为普通乡村劳动者的生活中也蕴含着英国文化的精髓。他对乔治·斯图尔特的自传体小说《车轮店》极为赞赏，就是因为这部小说记载了前工业时代乡村手工劳动者的工作状态。我国学者一般比较熟悉利维斯在《伟大的传统》中对经典英国小说的评析，但甚少注意利维斯对《车轮店》的青睐。《车轮店》的作者乔治·斯图尔特（笔名乔治·伯恩），原是语法学校的一名普通教师，后来接管家中祖业，经营车轮店的事务。根据自己长期以来的车轮制造和经营经历，斯图尔特于1923年出版了《车轮店》一书。这本书详细记载了马车车轮的工艺制作流程，不但文笔优美并且附有插图，是一部绝佳的工匠精神记录手册。利维斯对这部作品赞赏有加，在《文化与环境》一书中，利维斯的《有机共同体》一文以超过半数的篇幅引用《车轮店》中对乡村工匠生活的描述，以说明他理想中的乡村生活景象。车轮制造工匠辛勤而快乐地劳作，那种未被工业主义和消费主义沾染的生活状态，才是利维斯所推崇的乡村文化传统。

进入20世纪60年代后，利维斯对《车轮店》的思考进一步明晰和深入。当时科学家出身的作家C. P. 斯诺极力将科技文化凌驾于人文文化之上，引起了利维斯的极度不满。利维斯不断援引《车轮店》中的内容作例证，同斯诺展开了激烈的思想交锋。在1962年题为《两种文化？C. P. 斯诺的意义》的演讲中，利维斯指出："《车轮店》中记载的文化价值与经济现实之间的关联，是我三十年前几乎没有提及现在却特别想发掘的内容，然而这种关系却早已消失了。"[①] 显而易见，利维斯对《车轮店》的意义进行了深入的

---

① F. R. Leavis, *The Two Cultures? The Significance of C. P. Snow*, Cambridge: Cambridge University Press, 2013, p. 107.

思考。他认识到伴随着马车制造业消失的，还有制造技术与人文价值之间的紧密联系。进入工业时代后，以获得更高利润为目的的大规模机器生产注重的是技术更新与提高，无论是生产还是销售过程都已经与人文价值脱节。正是在这种社会语境下，斯诺等知识分子开始宣扬技术至上论，挑战人文文化的价值。

1966年，利维斯在美国进行的题为《勒德派？还是仅有一种文化?》的演讲中，强调了《车轮店》中车轮匠的工作方式所代表的人文意义，提出没有人文文化色彩的科技文化必然空洞而乏味。其实《车轮店》只是乔治·斯图尔特众多作品中的一部，它在刻画乡村生活变迁方面远不及另一部作品《乡村变迁》生动翔实。但利维斯对《车轮店》情有独钟，对《乡村变迁》却不甚在意。这足以说明利维斯对《车轮店》的赞赏并非为了怀旧与批判工业文明，而是寻找那种生活方式消逝后留下的价值精髓，以此应对工业科技发展带来的种种问题。利维斯深知他所面临的是极其艰巨的任务，并且他也坦承："我不打算假装自己知晓什么令人舒服的答案和简单的解决方式。"[①] 尽管面对强大的工业浪潮与汹涌而来的大众文化时，利维斯以文化传统化解现代文化危机的行为显得势单力薄，但至少他做出了坚持不懈的努力。

威廉斯秉承了利维斯的文化传承思路，但他将目光越过乔治·斯图尔特，投向更远的威廉·科贝特。威廉斯对深受利维斯青睐的斯图尔特亦非常熟悉，他在《文化与社会》和《乡村与城市》中多次引用斯图尔特的《乡村变迁》中的描述。但是威廉斯认为，无论是《乡村变迁》还是《车轮店》，"作品中的观察之新颖独到、意义非凡，本质上可追溯到科贝特"[②]。威廉斯将科贝特视为更早的

---

① F. R. Leavis, Q. D. Leavis, *Lectures in America*, London: Chatto & Windus, 1969, p. 20.

② Raymond Williams, *Culture and Society 1780 - 1950*, Garden City: Anchor Books, 1960, p. 276.

英国乡村文化捍卫者，所以他对科贝特作品的兴趣更甚于对斯图尔特的《车轮店》。出身农家的知识分子科贝特始终将自己视为乡村劳动者利益的代表，极力挽救家庭产业和日常劳作的传统技术。威廉斯从科贝特身上继承了为乡村代言的立场和对乡村传统的重视。鉴于威廉斯对科贝特的传承在本章前一节已经得到论证，此处不复赘言。

虽然利维斯等精英主义知识分子竭尽全力，力图使经典文学传统替代宗教履行社会教化功能，但是大众文化的传播还是很快令传统文化分崩离析，所以威廉斯等第一代新左派思想家面对的仍然是英国文化的断裂。为了应对这种断裂，爱德华·汤普森与理查德·霍加特等人在《英国工人阶级的形成》《识字的用途》等著作中确立工人阶级意识和工人阶级文化，为那些经历了文化断裂的原乡村居民及其后裔形成文化归属感。在此基础上，威廉斯将乡村文化传统与城市新兴大众文化进行了整合。他在《乡村与城市》中指出，乡村与城市同样卷入了资本主义体系，二者无论是在经济上还是文化上都已经密不可分。威廉斯还以威尔士小说为工具，探讨那些脱离乡村传统的知识分子或小资产阶级面临的精神危机。在威廉斯的小说中，虽然社会的变迁使原有的乡村生活难以为继，但乡村传统已经转化为一种精神力量。在乡村文化秩序中寻找应对现代文化危机的资源，在这一点上威廉斯与利维斯是高度一致的。

随着威廉斯的理论素养和对英国社会洞察力的提高，他对英国乡村文化的关注逐渐不再限于偶尔的情绪流露，也不满足于像“威尔士三部曲”那样对乡村现实矛盾与问题进行直视与刻画。他花费巨大心力撰写巨著《布莱克山区的人们》，希望以对历史的追忆凝聚民族意识。他以书评、演讲等不同形式反思威尔士文化与历史的发展历程，对威尔士文化遭到英国主流文化打压表示不满。这些作品后来被丹尼尔·威廉斯收入《谁为威尔士代言？民族、文化、身份》一书，并于2003年出版。从该书中的文章可以看出，威廉斯在乡村文化思想上最终走向了同利维斯一致的方向：以承继传统来应对现代文化危机。长期以来，由于威廉斯在英国大众文化领域的卓越贡献引发了研究者的高度关注，他对保存英国文化传统，尤其是威尔士文化传统的努力反倒被忽略了。近年来《车轮店》和威廉斯的《边村》在英国不断得到再版，利维斯与斯诺围绕"两种文化"的争论也重新结集出版，足见英国社会对这些文化传承者的远见与贡献有了新的认识。

（三）理论研究范式

利维斯对威廉斯的影响是多方面的。虽然利维斯经常因为对精英主义文化的维护而备受批评，但是利维斯在"对小说中道德的关怀、小说与生活的关系、小说家的个人成就与社会传统的关系"[①]等诸多方面的卓越贡献却不容置疑。特里·伊格尔顿曾经听过利维斯的课，对利维斯评价极高。他认为利维斯有"强烈的文化意识"和"广泛的社会关注"。[②]利维斯将是否具有现实关怀作为臧否小说的标准，他对小说家詹姆斯不满，就是因为詹姆斯晚期作品中重视写作技巧甚于生活体验。利维斯晚年对狄更斯评价甚高，认为"狄更斯是一位伟大的小说家，并且他同样也是一位无与伦比的社会历史学家"[③]。他重视狄更斯的根本原因，显然也是狄更斯小说对英国社会历史状态所作的细致而深刻的描述。利维斯反对社会与个人、艺术与现实的分裂。这种文学批评思路在威廉斯那里得到了沿袭，在从《文化与社会》《从狄更斯到劳伦斯的英国小说》到《乡村与城市》的诸多作品中，威廉斯从未将批评重心置于作品的美学

① 殷企平等：《英国小说批评史》，上海外语教育出版社2001年版，第213页。

② Terry Eagleton, Matthew Beaumont, *The Task of the Critic: Terry Eagleton in Dialogue*, London. New York: Verso, 2009, p. 65.

③ F. R. Leavis, *Two Cultures? The Significance of C. P. Snow*, Cambridge: Cambridge University Press, 2013, p. 93.

价值，而是极力关注文本中所折射的社会面貌。

是否如实反映了英国从乡村社会向工业社会的过渡，始终是威廉斯进行文学批评与创作的重要标准。威廉斯对简·奥斯丁、D. H. 劳伦斯和乔治·艾略特等作家倍加赞誉，就是因为他们的作品符合这一标准。利维斯评价小说时看重的是其道德功能与社会功能，但威廉斯却更喜欢从小说中寻找对乡村生活的详细描述。丹尼尔·笛福因为对小说题材有开拓之功，被利维斯当作重要作家收入《伟大的传统》。但笛福令威廉斯折服的原因却是“笛福对生产、销售和租赁方式都做出了详细记录，对乡村生活细节的观察无与伦比”[①]。笛福对乡村生活的描述充满商业气息，全然没有当时流行的乡村田园色彩，这一点非常符合威廉斯的批评标准。

同利维斯一样，威廉斯在进行文学批评的同时也在思考乡村变迁的根源。利维斯认为乡村“灾难性”的变化源于工业经济的兴起，但威廉斯却将原因归咎于更深层次的资本主义生产关系。同样是面对乡村传统，威廉斯对乡村生活真相有着更为清醒而深入的认识，所以他在《乡村与城市》中对于那些以婚姻为名义进行的财产合并、乡村田产的海外来源等问题一一予以揭示，使得乡村生活被剥离了充满浪漫色彩的光环。那些利用昔日美好乡村生活的幻象来批判城市大众文化的观点，也因此变得无据可依。

利维斯很早就开始关注新兴媒介对文化发展带来的巨大变革，因此他对报业与新闻业也进行了深入研究，他博士学位论文的题目就是《从英格兰报业的发源与早期发展看新闻业与文学之关系》。在《漫长的革命》一书所收录的《大众报刊的发展》一文中，威廉斯同样对报刊业的发展以及对文化造成的影响极为关注。利维斯等人对随着报纸、电视带来的文化普及而形成的大众文化心怀疑

① Raymond Williams, *The Country and the City*, New York: Oxford University Press, 1973, p. 62.

虑，所以以怀旧来对抗大众文化。威廉斯认为这种思想是一种在技术决定论影响下的文化悲观主义。在《迈向2000年》中，他进一步梳理了这种思想的深层原因，并指出两种文化并非对立关系，而是相互交织、相互同化的。

利维斯的“文本细读”方式对威廉斯影响很深。威廉斯在《文化与社会》《乡村与城市》和《从狄更斯到劳伦斯的英国小说》中都展现出高超的文本细读能力。无论是在早期出版的《文化与社会》还是20世纪70年代完成的《乡村与城市》中，威廉斯都将文本细读与社会批评紧密结合。透过文学观察社会、借洞察社会理解文学，这种研究思路具有明显的利维斯痕迹。从利维斯那里秉承的批评传统，使得威廉斯没有将文学同社会剥离开来或将文学批评变为抽象的理论批评和美学批评。威廉斯以文学为史料分析社会的做法常遭批评家诟病，因此威廉斯在理论上将这种做法予以合法化。他强调文化是一种“作为整体的生活方式”[①]，这样一来文学和社会、历史便成为文化整体中密不可分、相互渗透的组成部分。因此，以文学反观社会就有了充分的理论依据。在这一点上，威廉斯将利维斯对社会与道德的关注推进到更为广泛和深远的层次。

由于利维斯在批评中注重道德标准和社会功能，所以很少运用抽象晦涩的理论。不仅如此，利维斯显然也没有构建自己整套艺术理论的野心。他的批评作品既没有华美的语言也没有艰深的术语，因而流畅易懂。纵观利维斯的文学批评，不难发现利维斯实际上熟知女性主义、心理分析等当时盛行的理论。学者殷企平认为，利维斯虽然通常以“反理论”的姿态出现，但实际上并不真正拒斥理论，而是要“高超地运用理论”，并把“理论融于具体的阅读过

① Raymond Williams, *Resources of Hope: Culture, Democracy, Socialism*, Robin Gable, ed., London: Verso, 1989, p. 4.

程”。[①] 威廉斯在文学批评与创作中也坚持了这一风格，他的文学批评性作品《乡村与城市》和《从狄更斯到劳伦斯的英国小说》均是语言平实之作；而小说也通常不合时宜地坚持现实主义风格，真实地描述威尔士乡村和附近城镇劳动者的日常生活。

虽然利维斯的“有机共同体”具有乡村田园诗歌般的浪漫主义色彩，但他对19世纪雪莱等浪漫派诗人评价不高。威廉斯也同样不喜浪漫派的写作风格，他在小说创作中一直坚持现实主义文风。利维斯曾批判现实主义大师亨利·詹姆斯，说他由于过度关注写作技术而形成了“蜘蛛网般的笔法”和“冗长的句子”。[②] 威廉斯小心地规避了詹姆斯的缺点，他注重故事内容甚于技巧，所以语言朴实流畅。以“威尔士三部曲”的首部《边村》为例，小说虽是长篇巨著，但由于作者极少铺陈、语言凝练简洁，反倒将乡村生活刻画得栩栩如生。

在《伟大的传统》中，利维斯将英国小说的发展脉络梳理得清晰无比，这种具有浓重历史感的文学批评方式在威廉斯的《乡村与城市》中也得到了运用。不同的是，威廉斯把诗歌也纳入了考察范围，并且他关注的重心并非利维斯式的道德关怀，而是文学作品中乡村意象的变迁。换句话说，“他保持了利维斯对文化实践的敏感而又未将‘伟大的传统’神秘化”[③]。但是对于从马修·阿诺德到弗·雷·利维斯的精英主义传统，威廉斯是极为反对的。实际上，《乡村与城市》便是对精英主义者为缅怀“美好乡村生活”而忽略历史事实的批判。

尽管利维斯常被看作文化保守主义的代表，但其思想仍然具有

---

① 殷企平：《用理论支撑阅读——也谈利维斯的启示》，《外国文学》1990年第5期。

② ［英］F. R. 利维斯：《伟大的传统》，袁伟译，生活·读书·新知三联书店2009年版，第21页。

③ Dennis L. Dworkin, Leslie G. Roman, *Views Beyond the Border Country*, New York: Routledge, 1993, p. 4.

一定批判和斗争锋芒。他虽然可以算是精英阶层的文化代言人，但却常常与当时的主流知识分子意见相左，彼此之间不断展开论争。在针对作家 C. P. 斯诺进行的演讲《两种文化？C. P. 斯诺的意义》中，利维斯言辞犀利，指出斯诺观点的种种漏洞。C. P. 斯诺原本是科学家，后来成为知名作家并曾出任英国科技部部长一职，但利维斯对于这位在当时极负盛名的精英知识分子并不买账。斯诺认为“科学”文化比“人文”文化更胜一筹，对此利维斯极力反驳。演讲过后，利维斯受到斯诺支持者的猛烈攻击，但利维斯对这些空泛的批评不屑一顾：“那些针对我的演讲而进行的敌对性评论并未留下可供我回应的问题，因此也无助于促进争论”。[①] 威廉斯从利维斯身上继承了这种质疑与批判精神，并将其用于批判利维斯本人。在《乡村与城市》《从狄更斯到劳伦斯的英国小说》中处处可见威廉斯对利维斯思想的有力批判。

威廉斯同利维斯一样既将文学视为英国社会与文化变化的“晴雨表”，又将文学批评当作传承和推进英国文化的工具。利维斯说：“当社会与文化开始瓦解时，批评事业也变成了极为困难的事情。”[②] 而批评的事业之所以艰难，正是因为利维斯想要以批评作为社会变革时期担当传承与发展英国文化重任的工具。不难看出，在审视英国乡村文化传统时，利维斯注重保持英国经典文化传统的延续性；而威廉斯关注乡村文化传统的目的，却是为英国现代文化与社会发展清除文化中的障碍。所以威廉斯虽然深受利维斯影响，但其乡村文化思想在本质上最终还是背离了利维斯。利维斯思想影响甚广却后继乏人，保罗·迪恩在为利维斯作品集《作为反哲学家的批评家》所作的序言中指出，利维斯“没有留下任何思想继承

---

① F. R. Leavis, *The Two Cultures? The Significance of C. P. Snow*, Cambridge: Cambridge University Press, 2013, p. 77.

② F. R. Leavis, *Towards Standards of Criticism*, London: Lawrence and Wishart, 1976, p. 5.

者”，是“对逝去的世界心怀感伤和怀旧的最后一人”。①

三 英国文学中的乡村传统

在《文化与社会》《漫长的革命》和《乡村与城市》等作品中，威廉斯运用的多是英国本土文学与文化资源，这也是他经常遭受批评的重要原因。威廉斯对这种批评虚心接受，并说明他这么做是因为他对英国文化与社会更为熟悉。威廉斯指出：“我把范围局限于英国社会，并不是因为我对世界上其他地方所发生的事情毫无兴趣，而是因为我感兴趣的那种证据，只有在我生活的地方，才能真正获得。”② 后来威廉斯在《社会中的写作》等作品中亦开始讨论马尔库塞、戈德曼和葛兰西等思想家的观点，并且对中国、苏联、朝鲜和秘鲁等其他国家的描述也逐渐增多。但总体而言，威廉斯的思想，尤其是乡村文化思想，主要是在对英国本土文学进行梳理与反思的基础上形成的。

（一）英国文学中的乡村传统

英国文学对乡村生活的描写由来已久，但是真正将乡村生活视作与城市不同的经验，并对乡村进行充满依恋与避世心理的描述，却是在工业革命之后才出现的。英国是世界上最早开始工业化进程的国家，英国人民在面临这场史无前例的变革时并没有任何可以参照的经验。社会转型时期的焦虑与迷茫，使得那些批判工业文明和缅怀乡村田园传统的作品极为盛行。朱光潜先生评论说：“崇拜自然的风气是产业革命的一种反响，产业革命在英国发生，所以英国浪漫主义有一个感伤主义的前奏曲（后来在其他国家也有类似情况），感伤主义的诗歌和小说大半是对农村破产的哀挽，是对城市

---

① F. R. Leavis, *The Critic as Anti - Philosopher*, London: Chatto and Windus, 1998, pp. x - xiv.

② ［英］雷蒙德·威廉斯：《漫长的革命》，倪伟译，人民出版社2013年版，第6页。

腐化的诅咒和对于大自然的歌颂。”[①] 在这段话中，朱光潜先生既总结了具有感伤主义和浪漫主义色彩的乡村文学特征，也指出了出现这种特征的内在经济和社会原因。

19 世纪的美国人民在面临工业发展和日益兴起的消费文化所带来的精神冲击时，也出现过类似的逃避心理，形成了极具个人主义色彩的“超验主义”思潮。相对于美国知识分子到大自然和人类内心宁静中寻找避难所的做法，英国具有得天独厚的优势：英国有着悠久的乡村文化传统，而且这种文化传统并未随着资本主义经济的发展而消失。英国资产阶级革命最终是以资产阶级与封建土地贵族相妥协而告终的，乡村土地贵族的文化不但没有遭到完全破坏与彻底清算，而且还受到资产阶级的尊崇。正因如此，从乡村文化传统中寻找精神慰藉和批判资本主义工业文明的力量，成为工业革命以来英国精英文化的一个重要特色。到 19 世纪后期，英国乡村文学作品逐渐增多，英国乡村生活静谧而稳定的形象也开始固定下来，并且随着社会发展被进一步理想化，成为一种田园诗式的世外桃源。

英国土地贵族的乡间府邸和乡间悠闲享受的生活，始终是新兴资产阶级贵族羡慕的对象。资产阶级纷纷效仿乡间贵族的生活方式，很多新贵用在工商业中获得的利润置办乡村田产，将自己打造成乡间绅士形象。法国文化中农民鄙俗土气的形象和美国文化中对本土印第安人的敌意与轻蔑，在英国文化中始终未曾形成。像美国小说《了不起的盖茨比》中那样充满逐利气息和消费主义狂欢的作品，在英国文学中也是极为少见的。英国文化崇尚的，是乡绅般的克制、冷静，以及对暴利致富的鄙夷。自维多利亚时期以来的英国文学中，对乡村生活的向往和眷恋是一种非常常见的情感。可以毫

① 朱光潜：《西方美学史》，商务印书馆 2007 年版，第 380 页。

不夸张地说，英国文化传统实际上是一种乡村传统。

英国文化传统虽然具有稳固的乡村特征，但还是受到了工业革命后经济结构和社会生活急剧变化的冲击。报纸、杂志发行量的加大，广播、电视等新兴媒介的兴起，使得城市大众文化日益泛滥，英国文化传统受到了极大冲击。从阿诺德到威廉斯时代的知识分子，都在致力于探讨新的社会条件下英国文化发展的出路。虽然威廉斯同其他新左派思想家一样关注城市大众文化的兴起，但他也同阿诺德等思想家一样注重英国文化传统的承继。在成名作《文化与社会》中，威廉斯用了大量篇幅梳理19世纪英国文学与文化传统，试图勾勒转型时期英国乡村文明逐渐走向支离破碎的过程，探索应对新时代文化危机的出路。

威廉斯认为，传统是有选择性的，英国文学中的乡村意象亦是如此。威廉斯发现田园意象并非一成不变，而是在随着社会经济结构的变化而变化。早期田园诗歌多半以展现乡村的迷人景色和自然富足为主题，但随着农业资本主义发展壮大，传统的英国田园诗从17世纪开始逐渐出现了对英国乡村社会和经济关系的描述。田园诗歌和田园小说通常会根据不同时代的社会特征与社会心理对乡村意象进行选择，着力展现乡村生活中人们所期待的那一面。真实的乡村并非文学作品中刻画的那般美好，因为“按照传统来看，乡村生活就是野心、动乱和战争的一种纯真的替代物”①。正因如此，当威廉斯试图在英国诗歌和小说中寻找快乐的英格兰乡村时，总是无法确定具体的历史时期。威廉斯不断将时间向前推移，但却发现无论在何时，“快乐的英国乡村”都是在意识形态粉饰下的幻象。文化的选择性特征意味着经典文学中的乡村未必是真正的乡村面貌，所以威廉斯在进行乡村文学批评时总是极力联系当时的社会经济状

① Raymond Williams, *The Country and the City*, New York: Oxford University Press, 1973, p. 24.

态，将文学批评与社会现实结合，因此他对英国乡村文化传统的研究最终成为一种具有“文化社会学”色彩的研究。

（二）威廉斯对英国乡村文学的继承与反思

威廉斯对英国乡村文化传统的了解，经历了一个渐进的过程。威廉斯幼年时家里几乎没有什么藏书，少年时由于学校课程占据了业余时间，也没有时间从学校图书馆借书阅读。所以威廉斯早年接触的文学作品并不是特别广泛。1937 年威廉斯加入了阿伯加文尼的图书俱乐部，经常从那里借书阅读。但是仅仅两年之后，威廉斯就离开家乡去了剑桥大学读书。进入剑桥大学后，威廉斯加入了社会主义俱乐部，所以他将时间多半花在阅读马克思主义理论作品而非文学作品之上。威廉斯后来回忆说：“我的学业完成的草草了事，这在某种程度上是信仰社会主义的文学系学生的典型问题，我自己就是这样经历的。”① 威廉斯在剑桥大学修完两年课程后应召入伍，到 1945 年战争结束后回到剑桥大学继续学业。从此威廉斯才开始大量阅读文学作品，并开始对英国文学中的乡村主题进行严肃思考。

在阅读威廉斯的作品时，读者会发现威廉斯是一个知识渊博的思想家，对英国经典诗歌和维多利亚时期以来的小说谙熟于心。英国学者弗雷德·英格里斯将《乡村与城市》中的诗歌与威廉斯中学时代学习的诗歌进行了对比，发现有很多重合之处。英格里斯指出：“这些诗歌是威廉斯在学校时被教过的，被当作家庭作业牢记于心。在课堂上孩子们被要求一个挨一个起来背诵。”② 在《乡村与城市》中，威廉斯大量运用英国诗歌作为批判素材。这些作品令其他国家的读者眼花缭乱，却使英国本土读者充满了熟悉感和亲切

① ［英］雷蒙德·威廉斯：《政治与文学》，樊柯、王卫芬译，河南大学出版社 2010 年版，第 33 页。

② Fred Inglis, *Raymond Williams*, London and New York: Routledge, 1995, p. 45.

感。威廉斯本就反对精英主义知识分子的精致文风，运用英国读者熟悉的素材也更符合威廉斯作为大众文化研究者一贯坚持的朴实风格。

威廉斯说自己读书不多，他的确不像许多理论家那样喜欢在文章后面列出长长的书单，对各种理论娴熟地征引。在理论层面，他最擅长的是马克思主义，对当时盛行的后结构主义、心理分析、女性主义等理论都兴趣索然，尽管这也是他备受批评的地方。他最感兴趣的是那些能够以作品反映社会与历史的英国作家，这种选择倾向不但与英国文化中的经验主义和实证传统有关，而且与马克思文学批评方式的影响也不无联系。在《马克思主义与文学》中，威廉斯谈到有一批英国小说家被马克思认为是最优秀的，“马克思列举了狄更斯、萨克雷、勃朗特小姐和盖斯凯尔夫人”[①]。这些小说家后来都被囊括进了《乡村与城市》《文化与社会》和《从狄更斯到劳伦斯的英国小说》中。

在当时的新左派思想家中，威廉斯是为数不多的将乡村与城市进行对比研究的理论家。他看到英国文学中“或许比其他任何一种文学都有着更为丰富的乡村和城市主题”[②]，所以对这一主题进行了前所未有的开掘。在城市生活与乡村生活中，威廉斯更擅长分析和描述的是乡村生活，在小说创作中也非常注重对乡村生活变迁的展现。在众多的文学作品中，威廉斯最为关注的是 17 世纪以来的诗歌与小说。这段时期恰好是英国资本主义经济的急剧发展期，威廉斯可以从中理出英国社会与文化变迁的脉络，看清英国文化现象背后隐藏的经济与社会制度状况。

威廉斯发现，英国作为一个具有悠久农耕文明史的古老国度，

---

① ［英］雷蒙德·威廉斯：《马克思主义与文学》，王尔勃译，河南大学出版社 2008 年版，第 212 页。

② Raymond Williams, *The Country and the City*, New York: Oxford University Press, 1973, p. 291.

其乡村文学具有异常强大的生命力。即使到了19世纪，当英国社会生活已基本以城市生活为主时，文学描写却依然以乡村生活为主。为了解当时英国乡村社会的“感觉结构”，威廉斯对简·奥斯丁、勃朗特姐妹、盖斯凯尔夫人和乔治·爱略特等作家的作品进行了详细分析。他对狄更斯也非常关注，因为狄更斯的作品展现了工业社会初期底层市民的生活状态。也就是说，威廉斯是将狄更斯放在同乡村文化对照的视域内看待的。威廉斯通过细读文本，认识到这些作家在反映英国乡村所受到的工业经济冲击方面是非常成功的；但是对于乡村劳动阶级内部的冲突与流动这一主题，英国小说家们却鲜有触及。为了弥补这种不足，威廉斯一方面建议威尔士小说家结合现实开拓写作主题，另一方面亲自创作小说，展现那些被英国作家忽视了的新问题与新现象。

威廉斯对英国乡村文化传统发展脉络的分析，旨在进行批判性反思。18世纪以来的英国文学充斥着对乡村美德和昔日乡村有机社会的缅怀，威廉斯首先分析的便是这种文学传统。相对于之前的英国作家，威廉斯有其作为马克思主义思想家的优势。他并未将视野囿于英国文学传统中的田园或反田园表象，而是结合社会现实分析这种表象背后隐藏的本质原因与社会心理。威廉斯发现，做信号工人的父亲无法从单调的铁路工作中获得成就感，他生活的乐趣更多地来源于农业种植和养殖。在威廉斯生活的乡村，许多像他父亲一样的铁路工人仍然租种小块土地开辟菜园。透过这一现实，威廉斯感受到了英国人民在工业化进程中的巨大失落感。因此威廉斯指出，工人们仍竭力保持农耕生活方式，是因为“这些贴补性收益很重要，不单是因为它们所出产的东西，而且因为它们提供了直接和现成的满足感，使人感到能对自己的劳动保留一部分控制权”①。因

① Raymond Williams, *The Country and the City*, New York: Oxford University Press, 1973, p. 103.

为深谙当时的社会心理，威廉斯对当时缅怀昔日美好乡村的思想倾向既进行了批判，又表现出理解。

（三）影响威廉斯的重要作家

英国文学中的乡土叙事历史源远流长，最早可以追溯到古英语时期。文艺复兴时期赫伯特·斯宾塞笔下牧羊人的田园牧歌生活至今仍然令读者心生向往；莎士比亚和弥尔顿对乡村的描写也特别容易令人联想到伊甸园的乐土；19 世纪小说家和华兹华斯等浪漫主义诗人厌恶城市生活，对乡村极力美化。威廉斯对这类具有浪漫主义色彩的表述并未表现出多大兴趣，他评价较高的作家是从简·奥斯丁时代开始的。因为就是在奥斯丁时期，英国文学史上以现实主义手法表现乡村动荡的小说开始集中出现了。奥斯丁擅长刻画乡村农场主的绅士生活，并从侧面反映了乡村所发生的经济变化。所以威廉斯认为奥斯丁是一个至关重要的作家，“简·奥斯丁描述了英国土地所有权和土地占有权领域里一个非常复杂的转变，与她所没有写出的拿破仑战争相比，前者是真正更为重要的”①。同样，威廉斯也非常重视盖斯凯尔夫人的《玛丽·巴顿》和《南方与北方》等“工业小说”，因为这些小说虽然重心在于工人阶级运动与工人阶级生活状况，但同时也展现了乡村与城市的强烈反差。威廉斯以是否反映乡村社会变迁作为评价小说的标准，这种全新的视角使他从英国文学中发掘出了先前作家未曾关注的内容。

虽然许多维多利亚时期的作品都描写过乡村，但乡村生活状态和劳动者的言行举止并未真正被书写。在后来的作家中，乔治·艾略特在这方面做出了重要贡献，她的早期作品《亚当·比德》和《织工马南》讲述的都是普通劳动者的真实生活。威廉斯说，“乔治·艾略特拓展了她的小说情节，将农民、工匠和被剥夺了继承权

---

① ［英］雷蒙德·威廉斯：《政治与文学》，樊柯、王卫芬译，河南大学出版社 2010 年版，第 84 页。

的人都收纳进来”[1]。威廉斯的评价是对艾略特至高无上的褒奖。狄更斯是一个同盖斯凯尔夫人和乔治·艾略特全然不同的作家，他的小说场景主要是在城市而非乡村。但是威廉斯对狄更斯仍然满怀兴趣，因为正是在狄更斯的小说中人们可以看到工业化进程中英国底层百姓所经历的苦难。狄更斯笔下的工业社会，充满艰辛与混乱。英国文学中对工业生活和乡村生活的截然对立的描写，展现出英国文化中对乡村的缅怀和对工商业的反感，这种思想也是贯穿《文化与社会》和《乡村与城市》等作品中的重要主题。

哈代是另一位威廉斯比较感兴趣的作家。威廉斯对哈代的赞赏，很大程度上是因为“哈代的小说是历史”[2]。哈代的经典著作常将场景置于乡村，小说在揭露资本主义工业社会对人性的摧残时，也时不时点缀着美丽而愉悦的乡村场景。劳动者在田野里劳作、歌唱，这种乡村生活与枯燥单调的工业生活形成了鲜明的对照。威廉斯对哈代评价甚高，是出于同他青睐乔治·爱略特近似的理由：“在哈代之前，大多数人的劳动从未作为一种重要的经验进入到小说中。”[3] 威廉斯在自己的小说创作中，也一直努力展现普通劳动者的劳动经验。《边村》中威廉斯讲述了信号工人哈利为贴补家用在乡间种菜、养蜂的各种细节；《为马诺德而战》中威廉斯对描述小农场主艾弗耕地的场景不厌其烦；《布莱克山区的人们》则以洋洋洒洒两卷本的篇幅讲述了威尔士人从远古时期到15世纪的狩猎、农耕生活。可以看出，无论是在文学批评还是小说创作中，威廉斯都极为重视作品对乡村生活的真实变迁历程的展现。

---

① Raymond Williams, *The Country and the City*, New York: Oxford University Press, 1973, p. 173.

② Raymond Williams, *The Raymond Williams Reader*, John Higgins, ed., Malden: Blackwell Publishers, 2001, p. 115.

③［英］雷蒙德·威廉斯：《政治与文学》，樊柯、王卫芬译，河南大学出版社2010年版，第276页。

值得注意的是，威廉斯受与他同时代的英国作家乔治·奥威尔影响颇深。不但撰写了小册子《乔治·奥威尔》以理清奥威尔的思想发展历程，在《文化与社会》中也有专门论述奥威尔的一章。在《迈向2000年》《乡村与城市》《希望的源泉：文化、民主、社会主义》等作品中，威廉斯也屡屡提及奥威尔。奥威尔在《巴黎伦敦落魄记》等作品中对城市底层人民生活之困顿混乱进行了细致刻画，作品中典型的现实主义风格是威廉斯一直赞赏的。

当然，在阅读奥威尔的过程中，威廉斯也看到了奥威尔的不足。奥威尔虽然在《一九八四》中把希望寄托在穷人身上，但同时又认为穷人粗俗怪异、没有觉悟。在具有自传性质的《巴黎伦敦落魄记》中，奥威尔栩栩如生地刻画了多个底层劳动者形象，但是这些人颓废放纵，毫无道德和尊严感。所以威廉斯指出了奥威尔思想中存在的悖论："把唯一寄予希望的阶级一笔勾销，认为从当前情形看无可救药。"[①] 认识到奥威尔思想之弊的威廉斯，成功地避免了陷入奥威尔的误区，他反对歧视"大众"的做法，在劳动群众中寻求着改变社会、创造未来的力量。他不但对工人阶级心怀期待，还在乡村劳动者身上看到了隐含的社会力量。不同于奥威尔对底层劳动人民几乎是带着嘲讽厌恶语气进行的描述，威廉斯笔下的乡村虽然困苦，但是乡村劳动者仍然保持了对自尊和人格的坚守。

威廉斯在从英国乡村文学中汲取资源的同时，也对其进行了批判。在短文《小说中的地域与阶级》中，威廉斯非常不满地批评20世纪英国乡村小说："一个基本策略就是展现温暖、迷人，或自然或充满平稳激情的生活。这种生活被内在的节奏所指引，似乎英国乡村即使在最偏远和所谓未被开垦的地区，都未曾受到过占主导

① Raymond Williams, *Culture and Society 1780 - 1950*, Garden City: Anchor Books, 1960, p. 313.

地位的城市经济所不断侵入。”① 在威廉斯看来，即便是英国乡村，也早已为城市经济所影响和侵蚀，乡村在整个英国经济中从未独善其身，所以回避英国真实经济状况、把英国乡村刻画成不受外界干扰的乐土在威廉斯看来是一种无法理解的行为。威廉斯在不同作品中对英国文学的田园传统进行了批判，其思想也逐渐摆脱了保守的精英主义倾向。

小 结

总的来看，威廉斯乡村文化思想的形成，具有两个不可或缺的条件：一是独特的生活经历，二是独特的学术经历。前者为威廉斯提供了近距离观察乡村文化与社会变迁的良机，后者则为威廉斯乡村文化思想的最终形成提供了理论准备。

威廉斯的家庭出身使威廉斯形成了独特的观察视角。威廉斯出生在威尔士与英格兰边界的乡村，父亲既领着信号工人的薪水，又遵循着乡村居民的生活方式。这种生活经历使威廉斯得以对工人阶级和农民的生活状况都有所了解，并且在成年后将二者变成小说与文化批评的重要素材。威廉斯的家乡是工业地区和农业地区的交界地带，工业经济和农业经济之间既对立又依存的关系以最直观的形象展露在威廉斯面前。因此威廉斯的乡村文化思想中既渗透着对乡村文化的关注，又蕴含着对工业经济发展的支持。威廉斯对乡村农民和乡村工人阶级同样感情深厚，所以可以理解为什么成年后的威廉斯既重视作为残余文化的乡村文化，又支持以工人阶级为主体的城市大众文化。威廉斯的经历，使他能够将工人与农民、城市与乡村之间的关系置于更广阔的社会空间里进行思考，从而发现二者之

---

① Williams, Raymond, *Writing in Society*, Thetford, Norfolk: Thetford Press, 1991, p. 231.

间千丝万缕的联系。威廉斯后期思想中所出现的总体性特征，在他看待乡村与城市关系时就已显现出征兆了。

在剑桥大学读书和任教的经历，不但使威廉斯熟谙英国经典文学作品，而且具备了从更深层的社会与经济结构中寻找文化变迁原因的理论素养。他不肯轻易相信当时盛行的“昔日美好乡村”神话，试图从英国文学和文化中剥离出乡村真相。威廉斯不但整理出英国由乡村社会向工业社会变化的社会变迁史和思想史，而且剖析了这种历史背后隐含的社会原因以及不同阶级或团体之间的利益冲突。威廉斯从英国文化传统中吸收的精神素养，最终成为批判现实和寻找未来出路的力量。英国学者格雷汉姆·马丁在《共同文化》一文中指出：“威廉斯提供了一种文学评论变成社会批判的源头，以及社会批判压缩为文学评论的典型说明。”[①] 格雷汉姆有些言过其实，因为这种批评方式并非威廉斯首创，毕竟马克思、恩格斯在评论欧仁·苏的《巴黎的秘密》等小说时就已经熟练地运用这种方法了。尽管如此，格雷汉姆的评价至少表明了英国知识界对威廉斯批评范式的高度认可。

① 张亮、熊婴编：《伦理、文化与社会主义：英国新左派早期读本》，江苏人民出版社2013年版，第352页。

第二章

乡村问题

工业革命后英国的变化逐渐在文化领域内显现出来。浪漫主义诗人以充满理想主义色彩的诗篇构想理想社会并批判现实；现实主义作家则深入刻画工业生活的狰狞丑陋。这些描述常常有意无意地将乡村生活与城市生活对立起来，或者将二者视为不同社会发展阶段的特征。威廉斯认识到了这种文化现象，并极力做出改变。从早期作品《文化与社会》起，威廉斯就开始关注乡村与城市之间的内在联系，他所评析的城市“工业小说”实际上都还带有浓厚的乡村烙印。威廉斯对城乡关系的认识不断深入，到1973年发表《乡村与城市》时，他已经在有意识地弥补英国文化中乡村与城市之间的断裂。另外，在《从狄更斯到劳伦斯的英国小说》中，威廉斯也极力展现英国文学中从乡村主题向城市主题过渡的轨迹。正是在这些作品中，威廉斯对乡村问题的观察与思考得到了具体展现。

第一节　被孤立的乡村

随着英国工业经济和海外贸易的发展，传统乡村经济逐渐被当作一种落后的经济模式而边缘化，乡村文化传统也逐步解体。由于工业生产和传统农业生产之间、工业文明和农业文明之间固有的张力，乡村和城市常被视为一种二元对立关系。以乡村田园意象来贬抑大众文化的精英主义思想逐渐流行，就连抵制机器生产的勒德派也仍然吸引着不少支持者。然而，尽管乡村与城市之间存在着矛盾冲突，简单地将乡村与城市视为二元对立关系仍然有违历史真相。从复辟时期乡村刻薄鄙俗的形象，到 18 世纪后期乡村田园意象的形成，威廉斯都进行了深入而细致的分析。他力图还原乡村真相，使乡村摆脱被扭曲、被孤立的地位。

一 经济上被边缘化的乡村

英国的工业化和城市化进程，在威廉斯时代之前便已完成。但是威廉斯的家乡地处威尔士边界乡村，经济发展滞后，所以在威廉斯幼年时仍具有从乡村向城市过渡时期的特征。成年后的威廉斯，对英国经济和社会发展已经有了理论上的总体了解。他结合自己的生活经历和近距离观察，对乡村经济的日益萎缩进行了长期而深入的思考，表达了对英国乡村在经济上被城市资本力量操纵并日益被边缘化的担忧。他对乡村尤其是威尔士乡村处境的思考，不但贯穿《乡村与城市》、身后出版的文集《希望的源泉：文化、民主、社会主义》和《谁为威尔士代言？民族、国家、身份》，而且还渗透于小说“威尔士三部曲”（《边村》《第二代》《为马诺德而战》）之中。

在 1983 年发表的短文《威尔士与英国》中，威廉斯指出：“在已经被边缘化了的英国农业中，威尔士正在越来越边缘化。”[①] 威廉斯以这一判断表达了自己的双重不满：一是农业被边缘化；二是威尔士农业在整个英国农业中被边缘化。威廉斯早年关注的主要是整个英国农业的边缘地位；从 20 世纪 70 年代末期开始，随着威廉斯威尔士意识的逐渐增强，他对威尔士乡村的关注也开始增多。在威

① Raymond Williams, *Who Speaks for Wales? Nation, Culture, Identity*, Cardiff: University of Wales Press, 2002, p. 22.

廉斯的乡村文化理论中，英国乡村和威尔士乡村的边缘化常常是互相交织的主题。

乡村被边缘化，最直接的体现就是乡村人口急剧减少。在1851年，英国乡村人口还能占到全国总人口的一半左右，但是到威廉斯1973年出版《乡村与城市》时，英国经济“对本国农业的依赖程度已经降到很低，经济上活跃的人口中从事农业活动的还不到百分之四”[①]。威廉斯对乡村人口流失现象的观察与思考，也常常在小说中体现出来。在发表于20世纪60年代初的《边村》中，格林马尔村的居民因为各种原因纷纷离开村庄。乡村信号工人之子马修·普莱斯凭借自己的天赋与勤奋考入剑桥大学，从而离开了乡村。马修的父亲的好友、农产品经营商摩根·罗瑟曾反复劝说马修留下来接管他的生意，并提出将与马修青梅竹马的女儿许配给他，但马修还是坚决地选择了离开。格林马尔村的足球少年艾伦，被来自卡迪夫市的教练选中并带走，成为全村人羡慕的对象。但是后来艾伦又遭淘汰，回到家乡后心灰意冷。乡村对年青一代失去了吸引力，而城市则成为经济富足、美好未来的代名词。所以威廉斯在《边村》中慨叹：“因为不同的原因，朝向不同的地方，人们离开了村庄。”[②]

威廉斯不仅看到了乡村经济凋敝和被边缘化的现象，而且积极探寻这种表象背后隐藏的深层原因。根据对威尔士乡村的实际观察，威廉斯最终将原因归咎于资本主义经济秩序。由于工业资本主义的兴起，资本家在机器大生产中可以高效地获得更多利润，所以农业经济在整个英国资本主义体系中的重要性下降，最终成为城市工商业经济的附庸。威廉斯发现，乡村的基础设施建设，也都是为更好地服务于城市：

---

① Raymond Williams, *The Country and the City*, New York: Oxford University Press, 1973, p. 2.

② Raymond Williams, *Border Country*, Parthian: Library of Wales, 2006, p. 246.

> 从高速公路到新开通的铁路和运河，一条条交通线路穿越威尔士。它们坐落的地点是由更为庞大的经济与贸易体系所决定的（在通往爱尔兰的线路中，其实还有力量更为强大的政治体系介入）。这些线路中几乎没有哪一条与发展中的威尔士乡村有关、或者考虑到这里传统乡村经济的习俗或需求。[①]

威廉斯还发现，乡村不但没有得到应有的现代化建设，而且还时常遭到过度开发。煤矿和铁矿等自然资源的开采，使得许多地方的乡村呈畸形发展。原有的农业经济日趋凋敝，矿区及周边地带成为密集的人口聚居地。但是当矿产资源被开采殆尽之后，注重资本收益的资产阶级便会关闭矿场，造成大量工人生计无着。重新陷入生活困境之中的居民，开始从矿区向乡村回流，小说《边村》中年轻学者马修·普莱斯的一项课题就是研究这种人口回流。这种回流是一个充满痛苦的过程，随着研究的开展，马修陷入了深深的抑郁之中。《为马诺德而战》中的马诺德周边乡村也是曾经的矿场，当矿场开采完毕之后，乡村居民艰难度日，整个乡村一派凋敝衰落景象。

在揭示英国资本主义体系中乡村被边缘化的地位之后，威廉斯提出这种状况应该予以改变，并且认为时代的发展已经为这种改变提供了契机。由于科技发展，需要大量工人进行密集劳动的生产流程日益减少，专门化的小型生产机构不断出现。交通与通信带来的便利，使得一些原本在城市完成的生产完全可以在乡村进行。所以乡村经济未必局限于农业生产，而是可以包含多种经济模式。可以看出，威廉斯在竭力维护乡村与城市之间的平衡。事实证明，威廉斯重视乡村经济、反对乡村边缘化的做法是无比正确的。1984 年，威廉斯在《乡村与城市之间》一文中指出了乡村经济发展的新

---

① Raymond Williams, *Who Speaks for Wales? Nation, Culture, Identity*, Cardiff: University of Wales Press, 2002, p. 22.

现象：

> 如今在整体下滑的经济中，农业成了最为成功的部分。忙碌、繁荣的工业区与萧条、被忽视的农业之间的强烈反差，已经一去不复返了。而且，对整个社会都具有长远利益的是：乡村粮食生产的比例大大提高了，而且将进一步提高。对我们这个人口众多的岛国来说，这将对我们的生存能力——在极端的条件下生存的能力——产生重要影响。[①]

在这段文字中，威廉斯欣慰地看到自己当初在《乡村与城市》中的预言变成了现实，乡村经济在新时代重新焕发了生机与活力。当乡村摆脱经济上被边缘化、被忽视的地位之后，乡村文化才有可能获得同主流文化平等交流的机会，而这正是威廉斯在乡村文化领域极力达成的目标。

二　文化上被隔绝的乡村

在威廉斯生活的时代，英国文化中存在两种截然不同的看待乡村的方式：一种是将乡村生活视为“愚昧”的不开化或半开化状态；另一种则是利维斯等精英主义者对前工业时代乡村“有机社会”的缅怀。这两种观点都歪曲了乡村生活真相，将乡村文化从整个英国文化中分割出去，使乡村成为孤立于整个英国文化之外的飞地。威廉斯以中国和古巴农村革命成功的事实，驳斥了认为乡村愚昧落后的观点。由于“昔日乡村有机社会”的神话在当时极为盛行，所以威廉斯主要对这一观点进行了批判。威廉斯希望通过这种批判改变乡村文化被孤立的处境，填平乡村文化与城市文化之间的

① Raymond Williams, *Resources of Hope*: *Culture*, *Democracy*, *Socialism*, Robin Gable, ed., London: Verso, 1989, p. 247.

鸿沟。

在当时占主导地位的精英主义文化中，乡村生活一直是以静止状态呈现的。乡村美丽的自然风光、牛羊和蜜蜂，快乐的劳动者、彬彬有礼的乡村士绅，都是乡村意象中不可或缺的一部分。尽管乡村的经济和政治地位一再下降，但这种乡村生活意象却以顽强的生命力延续了下来，即使在20世纪仍然为英国人民所向往。20世纪的英国精英主义知识分子将维多利亚时期那些体现乡村道德秩序的作品视为圭臬，希望以这些作品来教化大众。

威廉斯在《乡村与城市》中指出，精英主义者所崇尚的昔日美好"有机社会"在历史上根本就未曾存在。威廉斯怀着极大的耐心带领读者寻找"有机社会"存在的历史时期，结果发现无论时间如何向后退，这样一种理想的生活状态始终是不存在的。从封建时代到资本主义时代，乡村从未独立于经济发展之外，而是同城市一样存在着饥饿、贫困、压迫与剥削。理想的乡村田园状态，只能到上帝创造的伊甸园中去寻找。资产阶级统治阶层强调昔日美好"有机社会"的意象，不过是为了"利用过去，以'昔日美好时光'这根手杖来敲打现在"[①]。过去这根手杖所敲打的"现在"，指的就是随着城市工商业发展而兴起的大众文化。统治阶层的精英知识分子对蓬勃发展的大众文化心怀敌意，所以他们用前资本主义时代的道德和社会秩序来贬抑大众文化。为了映衬大众文化的鄙俗，他们把乡村打造成没有阶级和经济冲突的美好田园，使得乡村成为完全脱离英国社会现实的孤立存在。

威廉斯在《乡村与城市》中还进一步指出：将乡村塑造成与城市文化格格不入的形象，实际上是一种受意识形态驱使的行为。联系英国当时的经济发展状况就可以发现，人们真正向往的并不是乡

① Raymond Williams, *The Country and the City*, New York: Oxford University Press, 1973, p. 12.

村的自然、宁静和纯洁的美德，而是在乡村可以终身拥有的府邸和田产。相对于在城市中靠竞争、盘剥与算计得来的利润，乡村田产因为能够带来持续而稳定的收益而备受青睐。拥有乡村府邸和田产这一隐藏在人们内心深处的梦想，是对城市商品经济中唯利是图和趋炎附势行为的逃避。当这种心理进入社会意识形态时，最终成为社会成员共有的体验和感受，也就是威廉斯所说的“感觉解构”。因此，不仅精英主义者缅怀美好乡村，即使普通劳动者也对乡村生活饱含深情。所以不难理解，为什么在英国无论是功成名就的知识分子、政客还是工商界新贵，都常常在乡村购置房产，并自豪地标榜自己为农民——威廉斯所敬重的19世纪知识分子威廉·科贝特购买农庄亲自经营；威廉斯晚年在布莱克山附近的格拉沃斯村购置房屋；保守党领袖斯坦利·鲍德温购买田产住宅并自称是“乡村之子”……这些有能力在城市过上优越舒适生活的精英分子，在功成名就之后仍然回到乡村。他们回到乡村后并不完全依靠农业生产维持生计，所以也体会不到真正乡村生活的艰辛。乡村劳作对他们来说更像是一种休闲娱乐方式，因此他们不但未能从具体细节上展现乡村居民的生活困境，反而继续打造美好的乡村田园意象。

英国统治阶级知识分子打造的乡村田园意象逐渐被广为接受，对乡村生活方式的向往也成为普通劳动者的集体“无意识”。威廉斯在多部小说中体现出普通劳动者对乡村传统生活的眷恋。在具有威廉斯自传性质的小说《边村》中，威廉斯依据自己的父亲塑造了铁路信号工人哈利·普莱斯的形象。哈利原本租住工友摩根·罗瑟的空余房间，当他发现附近有房子空置下来，便立即产生了从罗瑟家搬走的决心。当时哈利的妻子面临生产，很想跟罗瑟家富有生活经验的女佣再生活一段时间。但是哈利已经急不可待，他迅速将房子租赁修缮完毕并要求妻子尽快搬进来。在小说中，乡村住宅是作为乡村稳定生活的标志而出现的。哈利怀着激动的心情装饰房屋和购置家具，并且在搬进房子后产生了从未有过的踏实感。很快哈利又开始在房屋周边开辟菜园，进行耕种和养殖。尽管哈利的房子是租赁而来，但是独立的乡村住宅、土地、蜜蜂、远处山坡上悠然自得的野马与匆匆掠过天空的飞鸟，依然构成了一幅经典的田园生活图画。这种符合英国人民理想的生活状态，才是哈利的真正追求。

哈利在这种农耕生活中获得了极大的满足感，常常在菜地待到被妻子催促时才匆匆去铁路信号亭工作。铁路上的工作对他来说不过是一种谋生手段，所以他只是机械地遵照指令行事，未曾对这份工作倾注过太多热情与心血。工友摩根·罗瑟辞职后靠经营农产品致富，摩根反复请求哈利辞职与他一起经商，但遭到哈利的一再拒绝。摩根非常生气，认为这是哈利不愿脱离工人阶级并轻视商业所致。实际上真正牵绊哈利的，是他对乡村农业劳动的热爱和对城镇生活的抵触。摩根离开后，哈利最亲密的朋友并非铁路上的工友，而是在卖菜时偶然结识的一个农民。只有在从事农业劳动和同农民朋友交往时，哈利才得到了全然放松的感觉。哈利在 1926 年全国工人大罢工的时候曾经短暂失业，靠着菜园的出产勉强渡过难关。所以对哈利来说，乡村与土地才是能给他带来精神愉悦和经济安全感的源泉。哈利的心理状态，是当时英国崇尚乡村生活、抵触城市工业文化这种社会心理的缩影。

三　真实的城乡关系

对于人类从农业向工业生活方式的转变，威廉斯之前的作家和理论批评家就有过不少描述与阐释。威廉斯仍然选择“乡村与城市”这一主题进行论述，既是因为他通过长期观察与思考对乡村与城市之间的关系有了独到的见解，更是因为威廉斯将城乡关系当作展开理论论证的切入点。威廉斯通过对展示乡村变迁的作品进行文本细读，凸显城乡关系的真相，剥离出英国资产阶级操控文化的过程，从而为他文化观点的提出做好准备。

在《乡村与城市》中，通过追溯不同时期文学作品对乡村的描述，威廉斯指出乡村田园生活从未真正存在，而是一种随着社会发展逐渐形成的意识形态幻象。首先，威廉斯发现根本无法找到旧英格兰田园生活真正存在的时间。经过对乔治·斯图尔特、威廉·科贝特和托马斯·莫尔等不同时代英国作家的作品进行分析，威廉斯看到每个作家对旧英格兰田园社会终止的时间都有不同认识。在这些作家眼里，美好的旧英格兰乡村曾存在于自己的童年时代，在自己成年后才开始慢慢消失。其次，威廉斯发现文学和艺术作品中所展现的乡村生活内容都曾经过筛选。在描述乡村景象时，农民们劳作的辛苦和生活的艰难都被刻意规避；蜜蜂、树林、溪流、谷仓等自然风光才是诗人和艺术家钟爱的素材。另外，诗人们还对诗歌主题予以选择。在资本主义经济盛行之前，田园诗歌的主题多是谈情说爱的仙女和牧羊人；随着资本主义经济的兴起，大量作品开始以对物质富足的歌颂为主题。以上种种现象说明，文学作品中的历史事实和历史视角受到作者主观意识的影响，作者对乡村的叙述是不可靠、不真实的。

威廉斯由此提出，从来就不存在什么美好乡村，乡村与城市在经济层面上具有同质性。乡村与城市都被卷入了资本主义经济体系，乡村并非独立于英国社会之外的孤岛，更非不受资本主义剥削关系侵蚀的伊甸园。资本家在乡村盘剥的收益，化作在城市中经营工商业的资本；然后在城市积累的部分财富又返回到乡村。城市需要乡村的资源，同时城市也为乡村提供了贸易场所与各种机会，因此二者的利益相互依存。在 1984 年的短文《乡村与城市之间》中，威廉斯重申了他对城乡关系的看法：

在《乡村与城市》中，我主要想说的是，乡村和城市这两

> 个表面上相互对立、毫不相干的概念，实际上是密不可分的。它们共同存在于资本主义经济充满危机的总体发展过程之中，是现代资本主义经济造成了它们在形式上的差别。[①]

认识到城乡关系真相的威廉斯，从经济角度出发对英国经典文学作品中歪曲乡村真实面貌的描述进行了批驳。他发现，18 世纪以来的知识分子在赞颂乡村安宁和谐之美时，常常将乡村财产描述为稳固的世代继承之物。为批判这种观点，威廉斯从诸多文学作品中抽丝剥茧，梳理出一个清晰的财产流动脉络——自农业资本主义萌生之日起，英国乡村财产的所有权就处于不断更迭之中。这多少表明，城市中存在的经济矛盾与问题在乡村中也同样存在，只不过城市由于急剧扩张和人口及资源的高度集中而使得矛盾更加明显罢了。对于维多利亚时期以来英国文学中存在的"纯真""宁静"的乡村形象，威廉斯也进行了解构。威廉斯认为，那种认为乡村生活充满了纯真与善良的思想，是对乡村生活的理想化。在对乡村变迁历程进行综合考察后，威廉斯明确指出："无论何时，在那些身份得到确立的业主身上都不存在纯真，除非我们自己选择将纯真强加于他们。在进行武力征服、偷窃分赃、政治阴谋、阿谀谄媚、抢夺勒索和金钱权力的漫长历程中，几乎没有什么财产拥有权的获得能够经得起人道主义调查。"[②]

尽管威廉斯认为乡村与城市一样处于资本主义体系之中，但他始终承认英国乡村与城市之间存在着某种形式上的对立。在资本主义发展初期，城市工业以圈地运动给英国乡村居民带来灾难性的冲击。到资本主义繁盛时期，城市工业资本更是无休止地从乡村掠夺

---

① Raymond Williams, *Resources of Hope*: *Culture*, *Democracy*, *Socialism*, Robin Gable, ed., London: Verso, 1989, p. 227.

② Raymond Williams, *The Country and the City*, New York: Oxford University Press, 1973, p. 50.

各种自然资源和劳动力。乡村资源促进了城市的发展，但却没有得到城市的回报。许多乡村在矿产枯竭后开始凋敝，乡村居民不得不相继迁移到城市。

威廉斯在进行文学和文化批评的同时，也探寻了当时英国田园文化盛行的背景和原因。他在《关键词》一书中指出，17 世纪当城市尚处于早期发展阶段的时候，还被视作繁荣的聚居之所。但是到了 19 世纪末，“人们对城市的态度发生了变化，资产阶级对于其居住地的偏爱由城市转向郊区。郊区变得比较吸引居民，而办公室及贫民窟则位于市区”①。在《从狄更斯到劳伦斯的英国小说》中，威廉斯也提到英国文学中的一个奇怪现象：到 19 世纪下半叶，英国人的生活体验已经主要是城市的，但是文学作品大多仍在描写乡村，而不愿意展现正在变化的城市生活。人们对城市态度的改变，同工业革命给社会带来的巨大冲击基本上是同步的。英国城市工业经济正在迅猛发展，文学作品却仍然在打造“昔日美好乡村”形象，这在根本上是源于人们对前工业时代经济秩序的向往。

由于前工业时代生产力欠发达，没有出现激烈的商业竞争，所以人们的生活状态相对稳定。随着工业文明和大众文化的兴起，这种封建经济秩序逐渐被幻化成带有原始共产主义色彩的景象，作为一种理想化了的记忆和特殊意义上的“家园”，成为人们获得精神慰藉和谴责工业秩序的手段。所以，对快乐乡村生活的描述与向往、对乡村生活的浪漫化处理，体现和释放的是英国社会中随着资本主义发展而形成的、由来已久的失落感和不安，是英国文化界对工商业经济所带来的精神冲击进行的防御性反应。在不同时期的作品中，威廉斯一直在梳理工业资本主义兴起以来英国社会和文化传

---

① ［英］雷蒙德·威廉斯：《关键词》，刘建基译，生活·读书·新知三联书店 2005 年版，第 45 页。

统变迁的脉络，带领读者透过表象寻求乡村真实面貌。通过对乡村真实生活状态的追索，对英国文学美化乡村的动机进行考察，威廉斯展现出真实的城乡关系，凸显了英国乡村在新的社会语境下所面临的重重危机。

第二节 乡村传统解体

在《文化与社会》一书中，威廉斯将研究的时间范围界定为1780—1950年。这段时期是英国历史悠久的农业文明与乡村传统受到工业发展巨大冲击的时期，整个文化与社会都在激烈的动荡中进行着艰难的调整与适应。作为文化研究者的威廉斯，通过细读经典文本分析这段历史时期乡村经历的种种变化，并通过文学创作展现普通英国劳动者在这种历史巨变中经受的心灵动荡。许多历史与经济学家都曾对这一时期的社会变革进行过详细描述，而威廉斯的独特贡献在于，他以文学为工具再现了其他领域内的研究者所无法传达的社会“感觉结构”，将当时乡村变迁给人们带来的焦虑与痛苦以全新的视角予以展现。威廉斯将乡村居民内心的动荡与不安，很大程度上归结于乡村传统生活方式的解体，所以无论是在理论著述还是在小说中他都对这一根源进行了着力刻画。

一 乡村人口流动

人口大规模迁移是英国乡村变迁中的重要现象，也是引发英国文化传统解体的一个重要原因。随着工业的发展，英国出现了由乡村向城市、由英国本土向海外殖民地大规模的人口迁移。虽然这种迁移到威廉斯生活的时代已基本完成，但由此所造成的社会影响却远未结束。尽管史学家和社会学家已经对这种人口流动现象进行过描述与分析，但从文学与文化视角进行的反思并不多见。威廉斯的独创之处在于，他在文学评论与小说创作中以具体人物的迁移为切入点，使这个国家曾经发生和正在发生的人口流动重新回到人们的视野，引起人们对随之产生的文化危机的关注。威廉斯聚焦的是英国不同阶层之间和具有不同经济特征的地区之间的人口迁移，因为只有这种迁移才能更准确地反映出英国社会内部机理的变化。

英国历史学家艾瑞克·霍布斯鲍姆指出，当今社会的人口流动主要有三种形式："首先是正常的国内和国际旅行，即商业和休闲旅行——通勤除外；第二种是自愿或被迫移民，包括出国移民和从国外来的移民；但第三种是20世纪晚期以来的全新现象，这类流动的人员姑且称为跨国人员。"[①] 霍布斯鲍姆所说的这三种人口流动形式，除了第三种在威廉斯的文学批评与小说创作中尚不明显外，前两种都是被频繁提及的话题。而在这两种人口流动中，威廉斯又尤为关注移民的流动。威廉斯对人口流动的思考不仅体现在理论作品中，还贯穿从《边村》到《布莱克山区的人们》等小说作品。在《边村》中，威廉斯勾勒出不同类型的人口迁移状况。小说中的马修·普莱斯不但在大学里做人口流动的研究课题，在生活中也不断接触到不同的人口迁移事例。马修的父亲哈利·普莱斯在第一次世界大战后离开出生和成长的村庄，到火车站做搬运工。此后他因为工作变换而不断搬迁，直到在格林马尔村找到铁路信号员的工作才定居下来。哈利·普莱斯离乡谋生的经历只是无数英国乡村劳动者生活变迁的一个缩影。随着英国工业化对乡村的侵蚀，乡村原有的经济结构迅速解体。原有的生活模式被完全打破后，居民们被迫离开乡村另谋生计。威廉斯小说中背井离乡外出谋生的人物比比皆是：《第二代》中，主人公彼得的继父就是因为乡村生活难以为继，才到汽车工厂做工；《为马诺德而战》中的沃恩斯家族世代经营农

① ［英］艾瑞克·霍布斯鲍姆：《断裂的年代：20世纪的文化与社会》，林华译，中信出版社2014年版，第21页。

场，最终只剩下格温和艾弗姐弟两人惨淡经营、苦苦支撑，其他人员早已外迁到不同城市。

在小说《为马诺德而战》中，威廉斯对人口迁移的思考得到了最为集中的体现。《边村》中的年轻大学教师马修·普莱斯，在《为马诺德而战》中已成为研究社会问题的知名专家。因为马修本人就是一个从乡村来到城市的移民，对乡村发展必然有着自己的切身体会与思考，所以他被政府官员罗伯特· 莱恩选中并被聘为马诺德乡村的开发顾问。因为马修曾经做过威尔士矿区人口迁移的研究课题，并且亲身经历过脱离乡村共同体之后的心理危机，所以马修对马诺德乡村的人口迁移现象极为敏感。马诺德乡村人口稀少，学校关闭，农舍闲置，马修租赁的房屋之前已整整三年无人居住。大量人口外迁使乡村失去了活力，整个马诺德乡村弥漫着颓败没落的气息。英国学者托尼·平克尼在评论《为马诺德而战》时也指出，“没有儿童——小说中唯一的婴儿是彼得和贝思夫妇所生，但他们是‘外来户’”[1]。小说中的马诺德乡村不但缺少儿童，而且成年人的生命力也在逐步衰退：小农场主艾弗在耕地时遭受重伤；独居的利维斯太太淋雨后病故；马修在小说结尾处也因心脏病发作而虚弱不堪。

那些迫于生计而进行的人口流动，给迁徙者带来了巨大的失落感。与威廉斯同时代的文化批评家理查德·霍加特曾在《识字的用途》中提及社会底层的人口流动问题。霍加特认为一个技艺不错、薪水尚可的工人可以安稳地在一个地方生存，“他可能从来不会认认真真地考虑搬家的事，但是他脑子里很清楚，他随时有收拾起工具离开的自由”[2]。霍加特所描述的技术工人对工作具有选择权，这无疑是一种理想的生活状态。但是威廉斯笔下的乡村人口流动多是

① Tony Pinkney, *Raymond Williams*, Bridgend: Seren Books, 1991, p. 78.

② Richard Hoggart, *The Uses of Literacy*, London: Penguin Books, 1957, p. 60.

不得已之举，并且常常伴随着强烈的心理不适。《为马诺德而战》中年轻知识分子彼得·欧文的经历便是一个很好的例证。彼得曾在汽车厂做工，因在游行示威时跟警察起冲突而被捕，出狱后只能辗转于加拿大、意大利、瑞典等国家做各种临时性的工作。在被罗伯特·莱恩聘为乡村开发顾问之后，彼得带着怀有身孕的妻子从瑞典远道而来就职。出身社会底层的彼得，同《边村》中的马修一样既脱离了原来的共同体，又找不到新的归属感。同马修最终顺利度过心理危机不同，彼得激进的性格使得他无法向现实妥协，内心始终处于动荡不安之中。小说结束时，彼得决定将马诺德开发计划背后的黑幕公布于众，同统治阶层进行坚决斗争。这意味着他将再度失去工作，重新开始颠沛流离的生活。

在英国城市化的进程中，大批劳动者涌入城市寻找生存机会，即使留在乡村的居民也无法保持原有的生活状态。人们内心的安宁早已遭到破坏，许多居民甚至陷入孤独之中。《为马诺德而战》中的利维斯夫人年老体弱，却坚持不肯到城里与女儿同住。老人病重后，马修的妻子苏珊前来探望，弥留中的老人慨叹：“这里所有的改变都是为了年轻人，可他们还是走了。这里会遭到破坏，周边所有的田野都会。我真不想看到这些。”[①] 这位毕生坚守乡村的老人不久后便去世了，远在异乡的女儿回来为她举行过葬礼后离开，利维斯太太家从此人去楼空。

大量人口迁入城市，给城市也造成了巨大影响。这种影响不仅有经济上的，还有文化上的。与威廉斯同时代的英国学者伊恩·P. 瓦特曾在《小说的兴起》中探讨人口迁移带来的文化危机。瓦特认为，当乡村人口大量涌入城市时，城市实际上并未做好应对准备。在很多人口密集的地区，根本没有足够的教堂可以供新移民做

---

① Raymond Williams, *The Fight for Manod*, London: The Hogarth Press, 1988, p. 101.

礼拜。于是，“这种城市中出现的宗教价值的下降，为物质价值的至高地位开了方便之门”[①]。威廉斯虽然同伊恩·P. 瓦特一样关注人口流动带来的城市变化，但他更为重视的却是乡村中的人口流动。

在为《现代主义的政治——反对新国教派》一书撰写的序言中，托尼·平克尼指出，威廉斯笔下的人口迁移是双向度的：“移民始终是威廉斯的一个想象性成见：《边界》[②] 中的马修·普莱斯在研究 19 世纪人口向威尔士矿区山谷的迁移，他和欧文斯家族在《第二代》中描述了 20 世纪他们‘之外’的主要的人口回流。”[③] 有了《边村》和《第二代》这两部小说作铺垫，威廉斯在《为马诺德而战》中描述人口迁移时更加得心应手。威廉斯已经不满足于对人口迁移的偶尔提及或者简单叙述，而是让小说中的人物直接参与到对人口迁移的评判和与之相关的斗争中。小说中的官员罗伯特·莱恩预料到，倘若马诺德的开发计划得以实施，一场新的大规模人口回迁活动必将展开。所以他告诉马修：“人们曾带着家人流动到矿区。现在马诺德会有另一场迁移，一场有计划的迁移。”[④] 马修经历过脱离乡村共同体之后内心的痛苦，所以极力主张马诺德计划的制订者给外迁的移民以机会，使他们能够返回家乡谋生。然而负责马诺德计划的官员冷漠地对待这一提议，马修也在巨大的情绪波动中心脏病发。在 1984 年发表的短文《乡村与城市之间》中，威廉斯再次提到人口向乡村回流的现象：“近来有不少零散的评论，

---

① ［英］伊恩·P. 瓦特：《小说的兴起》，高原、董红钧译，生活·读书·新知三联书店 1992 年版，第 202 页。

② 在《现代主义的政治——反对新国教派》中文译本中，阎嘉将小说 *Border Country* 书名译为《边界》。由于小说中的场景主要在乡村，所以本书作者将其译为《边村》，其实二者指的是同一部小说。

③ ［英］雷蒙德·威廉斯：《现代主义的政治——反对新国教派》，阎嘉译，商务印书馆 2002 年版，第 23 页。

④ Raymond Williams, *The Fight for Manod*, London: The Hogarth Press, 1988, p. 11.

涉及正向农村地区流动的新群体：除了退休人员和乘车来回的上班族（这是早就存在的现象），还有许许多多活跃于各种职业岗位上的人们。”[1] 这段文字表明，威廉斯一直在观察和反思英国乡村的人口迁移现象，并捕捉到了人口流动出现的新动向。

然而作为一名文化理论家，威廉斯并不满足于描摹现实或展现普通劳动者的流离之苦，他最终要做的是为乡村劳动者争取平等的文化地位与话语权。当时普遍存在一种观点，认为乡村剩余人口的能力和素养均逊于城市人口。威廉斯对这种偏见非常不满，他抱怨说：“人们常说，在工业化和人口向城市集中的整个过程中，有能力的人都去了工厂和城镇或者决定移民，乡村中只剩下了迟钝、软弱和无知的人。”[2] 为驳斥这种观点，威廉斯在小说中从未将迁徙者塑造成懦弱无能之辈，他们当中不但有普通农民，也有受过高等教育的“奖学金男孩”和具有非凡才干的商业经营者。从威廉斯对乡村人口迁移状况的刻画与论述中都可以看出，威廉斯始终主张客观地看待乡村，无论是美化还是歪曲乡村形象的做法，都是威廉斯所不能容忍的。

在从乡村向城市流动的群体中，威廉斯特别关注那些被统治阶层挑选出来进行培养的中下层子弟。威廉斯本人就是通过获得奖学金而进入剑桥大学接受精英教育的平民子弟，但是他显然没有对资产阶级的奖学金政策知恩图报，而是对这种人口向上层阶级流动的现象进行了无情的鞭笞。在《文化与社会》等作品中，他指出“奖学金男孩”也不过是统治阶级在培养高级奴仆而已，并不能改变普通劳动阶层的社会地位。左派思想家拉尔夫·塞缪尔也认为这种教育政策对改善广大普通劳动者的地位作用有限，因为这种教育

---

① Raymond Williams, *Resources of Hope: Culture, Democracy, Socialism*, Robin Gable, ed., London: Verso, 1989, p. 233.

② Raymond Williams, *The Country and the City*, New York: Oxford University Press, 1973, p. 184.

的获益者一旦社会地位得到改善，便会竭力巩固这种既有的阶级结构。拉尔夫认为，“在一个以等级制为主导的社会结构之内，个体向上层的流动支持主要社会阶层的权力，而不是取代他们”[①]。无论是普通劳动者，还是后来进入精英阶层的“奖学金男孩”，这些从乡村中迁出的人口，无一能够成为化解乡村危机的根本力量，所以威廉斯不得不艰难地探索着乡村未来发展的其他途径。

乡村人口流动带来的种种社会问题，引发了威廉斯对“共同体”和“共同文化”的思考。在前工业时代，人们聚居在一起，熟悉邻里间的生活状况、性情人品、家族脉络等，形成了一种“可知共同体”。但是随着工业文明的发展，人们为了谋生或寻找更好的生存空间而时常迁徙，原先所熟悉的乡邻和亲朋不断被新的面孔所取代，旧的社群逐渐解体。威廉斯的父亲离开从小生长的农场到外地谋生，威廉斯的两个叔叔一个住在伦敦，一个住在伯明翰，原本亲密的兄弟天各一方。《边村》中马修在父亲葬礼上招待那些陌生亲戚时的感受，实际上就是威廉斯本人真实情感的投射。由于传统生活方式的解体，人与人之间的情感日益冷漠疏远，威廉斯对此深有体会。离开家乡和熟悉的生活环境后所产生的无所归属、无所依附的感觉在威廉斯的作品中不断得到展现，成为威廉斯试图以“共同体”和“共同文化”解决这种心理危机的直接原因。

威廉斯不仅关注英国本土乡村与城市之间的人口流动，而且还将视野投向了英国与殖民地之间的人口迁移。他从《玛丽·巴顿》《呼啸山庄》和《远大前程》等小说中剥离出19世纪英国小说的一个重要特征，那就是将奔赴殖民地当作解决小说冲突的惯常方式。小说中的人物或者将殖民地当作逃避现实冲突的美好田园，或者去海外积累财富来完成阶层提升。在1973年出版的《乡村与城

① ［英］拉尔夫·塞缪尔：《阶级与无阶级》，载张亮、熊婴编《伦理、文化与社会主义：英国新左派早期思想读本》，江苏人民出版社2013年版，第181页。

市》中，威廉斯得出结论，英国同一些偏远落后国家之间的关系在本质上是城市与乡村之间的关系。根据这一结论可以推断，处于不同经济发展水平的“乡村”国家和“城市”国家之间，必然也会出现大规模的人口流动，而事实也的确如此。20 世纪 50 年代，由于美国实行的《麦卡伦—沃尔特法案》使西印度群岛的居民无法到美国定居，大批移民转而进入英国。除此之外，印度和巴基斯坦移民到英国的人数也不断攀升。所以，“到 1959 年，每年平均有两万人移居英国”①。既然城市与乡村如威廉斯所言是密不可分的整体，也就可以理解“乡村”国家和“城市”国家构成的世界经济一体化格局。威廉斯乡村与城市的关系的论述，可以被看作经济落后国家与发达国家之间具有张力的政治、经济关系隐喻。

在《边村》和《乡村与城市》等多部作品中，威廉斯流露出对乡村人口流动现象的思考与担忧。虽然威廉斯并未将这一主题进行专门而系统的研究，但是他对人口迁移现象的思考为其他文化学者拓宽了思路。左派历史学家霍布斯鲍姆在 1989 年出版的《民族与民族主义》一书中从人口迁移角度分析了当代社会的变迁状况。霍布斯鲍姆指出：“在我们所居住的都市化社会里，随处都可遇到外来的陌生客，这些失了根的男男女女，像是在时时提醒我们，民族之根是很脆弱易枯的。”② 霍布斯鲍姆所观察的人口流动未局限于乡村与城市之间，他将地区之间经济发展不平衡造成的移民现象推广到世界范围内进行研究，并且将人口迁移与民族主义的激发和消弭联系在一起进行思考。尽管霍布斯鲍姆的研究视域比威廉斯更为宽广，但从本质上讲仍是沿着威廉斯开拓的道路而进行的阐发。因此可以说，威廉斯对乡村人口流动问题的关注对整个英国文化研究

① ［英］阿伦·斯克德、克里斯·库克：《战后英国政治史》，王子珍等译，世界知识出版社 1985 年版，第 158 页。

② ［英］埃里克·霍布斯鲍姆：《民族与民族主义》，李金梅译，上海人民出版社 2006 年版，第 167 页。

都具有承前启后的意义。

二 乡村道德观变迁

英国新左派思想家从一开始就具有强烈的道德与伦理倾向，因此中国学者张亮将他编写的新左派早期论文集命名为《伦理、文化与社会主义》。虽然威廉斯认为文化已经不再是一种智性和道德活动，而是整个生活方式，但他在作品中还是表现出了对道德伦理一以贯之的关注。在《文化与社会》《乡村与城市》等重要作品中，这种关注表现得尤为明显。斯坦利·阿伦诺沃茨指出："威廉斯的早期作品《文化与社会》尽管具有很强的分析和政治关怀色彩，但基本上还保留了利维斯主义，甚至马诺德式的道德文学批评。"[①] 阿伦诺沃茨说威廉斯保留了"道德文学批评"，很大程度上是因为威廉斯对科贝特、欧文、骚塞、穆勒、迪士累利等思想家的重视。这些思想家纷纷对英国工业文明带来的冲击予以反思，对被剥削者的痛苦生活充满同情、对剥削者奢靡生活予以指责。他们将工业发展带来的财富与地位不平等看作道德沦丧的根源，并对工业文化进行批判，而这也是威廉斯将他们选入《文化与社会》的原因之一。在《文化与社会》中，威廉斯经常将是否反映道德问题看作衡量一名作家在文化领域的贡献的重要标准。他对罗伯特·欧文评价甚高，是因为他发现，"欧文作品极具价值的独创性在于，他承认工业革命带来的巨大增长力量，继而从中看到了形成全新道德世界的契机"[②]。威廉斯在评价理查德·托尼时，也遵循了同样的道德标准："托尼的重要性在于，他是社会批评家，同时又是道德学家。"[③]

---

① Stanley Aronowitz, "On Catherine Gallagher's Critique of Raymond Williams", *Social Text*, No. 30, 1992.

② Raymond Williams, *Culture and Society 1780 - 1950*, Garden City: Anchor Books, 1960, p. 28.

③ Ibid., p. 231.

威廉斯在理论作品中经常激进地抨击资本主义体系之虚伪罪恶，但是在小说创作中表现出更多的是“作者隐退”的特征，对小说中人物的行为并不做任何道德上的判断。相对于道德教诲功能，威廉斯更为注重的是他小说中的“社会功能”与“认知功能”。他尤喜描述在社会急剧变迁的过程中层出不穷的社会问题并展现人们的适应过程。因为没有特别明显的道德批判或道德宣扬目的，在威廉斯的小说中，没有十恶不赦的恶棍，也没有顶天立地的英雄，小说的主人公都是平常的劳动者或小知识分子。另外，威廉斯的乡村小说花费大量笔墨讲述日常生活问题，极少涉及人生大是大非。当然这也使得小说没有跌宕起伏、引人入胜的情节，更不用说以人物的悲惨命运来引起读者的怜悯与恐惧从而达到精神上的净化。

威廉斯小说中的主人公常常是具有道德瑕疵之人。《边村》中的信号工人摩根·罗瑟曾经是一名坚定的社会主义者，但是1926年英国全国大罢工的失败和工人阶级领袖的妥协给摩根造成了严重的精神危机。摩根认识到他所对抗的资产阶级力量之强大和工人阶级取胜希望之渺茫，所以经过了激烈的内心挣扎之后，他最终选择了妥协。摩根开始经营农产品，并通过与拥有900镑遗产的老姑娘詹妮结婚而获得了扩大经营规模的资本，逐渐成为一名成功的商人。威廉斯在这里运用了勃朗特姐妹、简·奥斯丁等维多利亚时代小说家惯用的手法，使主人公通过婚姻实现阶层的向上流动。摩根自身的经营头脑和詹妮财产的完美结合使得这种流动变得相对容易，摩根也从此迁出乡村来到城镇生活。这种并非建立在感情基础上的婚姻，在本质上是一种商品交易，但是威廉斯对此并未表现出任何明显的道德评判。

威廉斯对小说中人物的道德问题不予置评，是因为他发现，一个群体的道德水平往往不是由个人来决定，而是有着更为复杂的社会与历史原因。摩根原本是忠诚的社会主义者，在1926年全国工人大罢工期间不遗余力地支持煤矿工人。但罢工的失败使他认识到资本主义力量的强大，所以他最终决定放弃工人阶级身份，以经商积累财富加入资产阶级队伍。《忠诚》中，剑桥大学的高才生诺曼抛弃已经怀孕的女友奈斯塔，这种行为给奈斯塔和不久后出生的儿子格文带来了巨大的精神创伤。诺曼之所以背叛奈斯塔，是因为他有更重要的使命要去完成，只得听从了组织上的建议。在威廉斯的小说中，隐藏在人物道德危机背后的，并非个人的善恶，而是资本主义社会经济结构和阶级冲突所造成的矛盾。

威廉斯的道德关怀使他最终走向了对资本主义社会制度的批判。对于资本主义社会的道德沦陷，18 世纪以来的英国小说家已经在小说中屡屡刻画，马诺德、骚塞与利维斯等思想家也一再从理论上进行分析，而威廉斯却从这种表象背后寻找深层的社会与经济原因。威廉斯将资本主义制度和资本主义经济体系视为罪恶的温床，认为在资本主义生产关系中不可能存在什么乡村美好田园，也更不可能存在什么纯洁与美德。对于英国文学中那些有能力购置田产、精神高贵的主人公，威廉斯认为他们根本经受不住道德的推敲。通过对乡村经济的深入剖析，威廉斯早已认清一个残酷的现实："在由武力征服、坑蒙偷窃、政治阴谋、宫廷谄媚、敲诈勒索和金钱权力构成的漫长过程中，很少有什么财产所有权能经得起人道主义调查"，小说中纯真善良的财产者拥有者不过是"一种根深蒂固、经久不衰的幻想"。[①]

威廉斯还认为，英国社会中传统道德观念的解体与资本主义的价值逻辑有着密不可分的联系。威廉斯清楚地认识到，不但农业资本家的财富积累过程伴随着罪恶，即使在乡村劳动者内部也出现了道德缺失。威廉斯将这种普遍的道德缺失现象归结于资本主义的自

① Raymond Williams, *The Country and the City*, New York: Oxford University Press, 1973, p. 50.

由竞争和逐利本性。威廉斯认为，在理想状态下，家庭内部人与人之间的情感与忠诚可以延伸到邻里关系，甚至整个社会关系当中。然而资产阶级认为人人皆可享有同等竞争的机会，这种观念将他人与自己放到了对立面，从而导致了人与人之间的关系紧张。为此威廉斯指出，“在这种观念下，家庭价值不能扩展到整个社会中——个人为他的家庭而工作，而与其他这样做的人相竞争。我们这个时代许多真正缺陷和幻灭都来自善意之人中实际的紧张关系”①。这一论述表明，威廉斯认为劳动者本性是善良的，是资本主义的价值观念催生了人们行为中的恶。

第三节　乡村生态危机

雷蒙德·威廉斯以其宽广的学术视野而著称，对于近年来人们日益重视的生态问题，威廉斯很早就开始了思考。1973 年美国学者丹尼尔·贝尔发表著名的《后工业社会的来临》一书，认为西方许多重要的资本主义国家已经进入后工业社会。《后工业社会的来临》引起了巨大反响，表明西方学者对工业发展带来的影响开始进行集体反思。伴随着这种反思，早在《后工业社会的来临》之前就已经萌生的生态意识逐步演进为一场旷日持久的生态运动。在这场生态运动中，威廉斯不断发出自己的呼声。他很早就认识到生态问题给人类带来的挑战，指出了当时生态思想中存在的种种谬误，并探索了为解决生态问题人们应该努力的方向。

一　威廉斯生态思想的提出

威廉斯生态思想的形成晚于其大众文化理论，所以并未引起研

① ［英］雷蒙德·威廉斯：《工人阶级文化》，载张亮、熊婴编《伦理、文化与社会主义：英国新左派早期思想读本》，江苏人民出版社 2013 年版，第 341 页。

究者充分关注。到目前为止威廉斯生态思想的研究成果仍极为稀少，最具代表性的是 H. 古斯塔夫·克劳斯的《威廉斯与生态》[①]一文。但该文侧重于威廉斯思想与生态思想的关系，并没有深入研究威廉斯本人生态思想的形成脉络以及威廉斯的主要观点。威廉斯的生态思想主要是通过他的乡村文学批评和以乡村为主题的小说体现出来的，所以对威廉斯生态思想的剖析，对于全面理解威廉斯的乡村文化思想也不无裨益。

早在 1958 年的成名作《文化与社会》中，威廉斯就已经开始触及环境问题：

> 那些已经改变和正在改变我们世界的力量，的确是工业和民主。要了解这一改变、这一长期的革命，关键却在于不太容易把握的意义层面。以前我们可以将一种主导性的思想倾向看作工业革命的主要动力：那就是人类对自身所处自然环境进行掌握并控制的理论与实践。如今我们正在凭经验对这种观念予以重新阐释，因为我们知道孤立地运用自然的任何一部分都是愚蠢的。我们正在慢慢学着将我们的环境作为一个整体而予以关照，并从这个整体而非其支离破碎的部分中汲取我们的价值观。在那些支离破碎的部分中，快速的成功带来的是长久的浪费。[②]

上述文字表明，威廉斯已经认识到工业革命以来人类在对待自然时行为上的“愚蠢”，并主张从总体上对待自然。能在 20 世纪 50 年代末就提出这种观点实属难能可贵，然而威廉斯的这一观点

① H. Gustav Klaus, “Williams and Ecology”, Taken from *About Raymond Williams*, Monica Seidl, et al., New York: Routledge, 2010, pp. 141 - 153.

② Raymond Williams, *Culture and Society 1780 - 1950*, Garden City: Anchor Books, 1960, p. 355.

在当时并没有引起人们的注意。在1971年以《自然观》[①] 为题的演讲中，威廉斯的生态观念变得更为明晰。他对自然界与人类之间关系的变迁进行了梳理，为其生态思想的进一步展开奠定了基础。在1973年出版的《乡村与城市》中，威廉斯虽然没有直接提及“生态”一词，但在“城市和未来”等章节中，他对诸如“人口和食物之间关系的问题；土地使用和污染的问题”[②] 等内容表现出极大兴趣。这表明威廉斯的生态思想已经从理论进入实际应用阶段，开始关注现实生活中的具体生态问题。

1982年，威廉斯发表《社会主义与生态》一文，开始直接运用“生态”一词，并且观点鲜明地陈述对生态问题的洞见。在同年发表于《伦敦书评》上的短文《红色与绿色》中，威廉斯指出解决现代生态问题必须做到以下几点：“反对工业污染运动、环境破坏、核能等危险技术以及对稀有资源的剥削与浪费。”[③] 此后威廉斯对“生态”问题的讨论逐渐频繁，对生态问题的态度也逐渐变得无比明晰与坚决。在1983年出版的《迈向2000年》一书中，威廉斯将生态列为同技术、裁军一样不可忽视的“关键领域”。[④] 1984年，威廉斯又在《乡村与城市之间》一文中清晰地表露出自己对生态问题的担忧。威廉斯看到工业资本主义和农业资本主义都无视乡村生态健康，所以主张另寻出路：“在我们这个时代，最有希望的社会与政治运动同它们有很大差别，那就是新兴的‘绿色社会主义’。”[⑤] 进入20世纪80年代后，威廉斯撰写了不少探索威尔士发

---

① 这篇演讲后来收入1980年出版的专著《文化与唯物主义》一书中，通常被研究者当作威廉斯唯物主义思想的一部分来看待。

② Raymond Williams, *The Country and the City*, New York: Oxford University Press, 1973, p. 275.

③ Raymond Williams, *What I Came to Say*, London: Hutchinson Radius, 1989, p. 167.

④ Raymond Williams, *Towards 2000*, London: The Hogarth Press, 1983, p. 248.

⑤ Raymond Williams, *Resources of Hope: Culture, Democracy, Socialism*, Robin Gable, ed., London: Verso, 1989, p. 237.

展的文章，这些文章被丹尼尔·威廉斯收入《谁为威尔士代言？民族、文化、身份》一书。从这些文章中，可以看出威廉斯对威尔士大自然的深厚情感和对威尔士乡村生态危机的忧思。

作为一名现实主义作家，威廉斯在创作时最为关注的不是小说的审美意趣，而是小说对现实的反映。尽管威廉斯时代现代主义文风已经极为盛行，威廉斯却一直未改变对现实主义风格的坚守。他的小说均以自己生活过的威尔士家乡为背景，小说中描写的乡村就是威廉斯早年生活过的阿伯加文尼小镇的周边地区，“威尔士三部曲”中马修·普莱斯的原型就是威廉斯本人。威廉斯将自己对乡村的观察与思考融入小说创作之中，所以他的小说总是能够密切联系社会现实，触及亟待解决的社会问题。虽然小说终究具有虚构色彩，但威廉斯的小说的确可以提供一些与他的理论作品相互佐证的观点。威廉斯本人也曾表明，他的作品之间存在着内在的关联。所以对威廉斯小说中的生态思想进行考察，同样有助于深入理解威廉斯的生态思想。

从威廉斯的创作历程来看，他晚年对乡村关注增多，必然会有更多论及生态问题的作品。他最后一部小说《布莱克山区的人们》以历史为主线，计划从石器时代写到当代。小说的前两卷将早期社会人与自然之间的关系描述得栩栩如生，照此推理，最后一卷应会有关涉生态思想的论断。但是威廉斯的猝然离世使这部小说在中世纪前后便告终止，有可能体现他对当代生态状况的见解的第三卷遂成未竟之作。威廉斯的早逝使他的生态思想未来得及像“文化唯物主义”那样形成一个逻辑严密的思想体系。但是威廉斯生态思想的重要性在于，他将生态与乡村发展和国际关系等问题联系在一起进行考虑，对如何解决生态危机进行了积极探索。这种探索的意义并没有随着时间流逝而消逝，它对正在饱受生态恶化之苦的现代人仍然具有重要的参考价值。

二　威廉斯的乡村生态忧思

威廉斯对乡村生态问题严重性的估计，主要是依据他对威尔士乡村的观察。他在接受《新左派评论》采访时曾提到，威尔士乡村的孩子被要求改说英语，否则便会遭到惩罚。相对于对威尔士人民的语言控制，英国统治阶层对威尔士乡村在经济上的操控更为隐蔽。在英国工业发展的过程中，城市从乡村得到了矿产资源和劳动力，但是以农业生产为主的威尔士乡村却没有获得同步发展。即使统治阶层在乡村修建铁路，也不是着眼于威尔士乡村的未来发展，而是为了将当地的物质资源和人力顺利运送到城市，因此乡村逐渐成为城市经济发展的附庸。威廉斯将他观察到的问题在小说中体现了出来。《边村》中1926年全国工人大罢工发生时，格林马尔村附近尚有大量矿工参与，乡村仍然是人口聚居的繁荣之地。但在将故事情节设置到几十年后的小说《为马诺德而战》中，矿场因资源枯竭而关闭，附近的乡村死气沉沉。失去了为城市提供资源的能力之后，马诺德乡村被抛弃了。

出版于1979年的《为马诺德而战》，创作期间恰逢威廉斯生态思想的形成时期，所以威廉斯的一些生态观点在这部小说中得到了展现。威廉斯发现，虽然人们为凋敝的马诺德乡村制订了复兴计划，但这种复兴计划同样是以城市为中心的。在《为马诺德而战》中，决策者计划在马诺德兴建一座利用后工业社会高科技的新城。这项计划既没有事先征求马诺德附近居民的意见，也没有考虑马诺德乡村的实际状况和生态承受能力。小说对开发计划的细节语焉不详，但显而易见的是，该计划旨在尝试高科技在城市中的运用。马诺德乡村的命运再次被遥远的城市力量所掌控，开发马诺德的意义也不过是为城市发展提供实践经验。小说中知识分子出身的官员罗伯特·莱恩聘请来自马诺德附近乡村的马修·普莱斯和激进知识分子彼得·欧文为顾问，希望他们能站在马诺德居民的立场上为该计划提供建议。虽然马修和彼得深知马诺德经济需要注入新的活力，但是开发计划对乡村居民福祉的忽视以及背后隐藏的重重黑幕还是激起了他们的愤怒，于是他们同决策者展开了激烈斗争。虽然小说的结尾是开放的，马诺德未来的命运仍然无法预知，但是可以看出乡村在工业发展中的边缘地位并未得到改变，乡村面临的生态危机也没有得到应有的重视。

小说中的马诺德乡村贫穷而落后，但是大山之外的遥远城市已经进入后工业时代。群山之外的城市人群厌倦了城市生活，想要重新回归自然，他们驾车来到未经开发的马诺德旅游。小说中彼得的岳父靠农业的微薄收入无力养家，幸而他经营的小加油站因有旅行队的光顾能够有所收益。投机商人看准城市人群对亲近自然的渴望，计划加紧对自然进行掠夺压榨，就连马诺德的水他们也要装瓶出售。开发者丝毫没有考虑这种劫掠式开发会给马诺德乡村带来什么样的生态后果。马修·普莱斯在闲暇时常常凝望远处静默的群山，山上有绵延的绿地和茂密葱翠的树木，野马和山鸡悠然地从中间穿过。马诺德计划一旦实施，这些美好静谧的景象必将荡然无存，所以小说中每次马修仔细观看乡村美丽的自然风光时，都心事重重甚至心怀忧伤。

虽然当地居民尚没有生态保护意识，但是他们对新开发计划具有本能的抵触心理。小说借罗伯特·莱恩之口道出了马诺德居民的心声："当地居民不想要这么巨大的改变。他们希望本地能够有所发展、生活有所提高，但是不要完全改变他们已经适应的居住地。"① 然而统治阶层的决策者并未考虑当地居民的感受，开发计划中的新城市规模巨大，将要采用的高科技电子技术和交通

① Raymond Williams, *The Fight for Manod*, London: The Hogarth Press, 1988, p. 13.

设施与马诺德的现状格格不入。由于当地居民的绵薄之力无法同强大的资本力量相抗衡，马诺德被动地发生着改变。小农场主艾弗卖掉农场，与土地之间世代相连的纽带从此被切断了。这个年轻人对未来将发生的一切茫然无措，于是喝得酩酊大醉。曾经策马驰骋于原野上的格温，也在失去土地之后成为游乐场上的驯马师，日复一日地在同一个地方为游客表演马术。在这种改变发生伊始，格温曾经向马修求助，当她发现马修也无能为力时，只得接受了命运的安排。

很多英国作家曾经在乡村小说中创造出人与自然和谐共处的意象，但是在《为马诺德而战》中，人与自然的关系已经日益疏远。马诺德虽然风光秀丽，却土壤贫瘠，寒冷潮湿，传统小说中人与自然和谐共处的景象荡然无存。除此之外，小说对人类征服自然的能力也持怀疑态度——艾弗在耕种陡峭的山地时被侧翻的拖拉机造成重伤；利维斯太太外出时遭遇寒风冷雨继而抱病身亡；当马修带病离开马诺德时，他的两个已经成年的儿子前来帮忙搬家，长子发现虽是寒意阵阵的春天，不知名的植物仍在院内早早抽出了无数新芽。马修的太太苏珊解释说，这种植物叫雪果，秋天时马修曾经想清除它，但一到春天，残留在土里的根又迸发出强劲的生命活力。《为马诺德而战》在一些似乎是不经意的细节中展现出人在自然面前的渺小，小说中的自然是一种人类无法与之抗衡的强大力量。威廉斯将《为马诺德而战》定位为一部着眼于未来的小说，虽然这部小说没有像《迈向 2000 年》那样直接提出人类面对的社会问题，但是对未来生态状况的焦虑已经贯穿小说始终。

值得注意的是，虽然威廉斯对生态问题极为关注，但他并不像利维斯主义者那样对工业心怀敌意。在《文化是平常的》一文中，威廉斯回忆说：“我站在山上眺望，向北是农场与教堂，向南可以看见如第二次日落般壮观的高炉烟尘和熊熊火光。”[①] 在威廉斯眼里，乡村生活和蓬勃发展的工业场景同时存在，二者并不矛盾。在《为马诺德而战》中，马修和彼得所反对的并不是在马诺德进行开发，而是这一计划背后的暗箱操作与投机。包括政府职员罗伯特在内的有识之士之所以对马诺德的未来心怀忧虑，也是因为担心新的发展规划不考虑马诺德现状，一味迎合城市需求而给马诺德造成包括生态灾难在内的各种危机。威廉斯认为生态问题的根源在于资本主义制度，而不是工业生产，所以小说中马修和彼得最终不得不同制订这一计划的大资产阶级相对抗。威廉斯深知这注定是一场艰难的斗争，所以小说中没有了威廉斯常有的乐观与激进色彩。故事结束时马修和苏珊留恋地回望乡村熟悉的景色，然后黯然地离开，将马诺德留给了不可知的未来。

《为马诺德而战》中的乡村生态危机仍然是潜在的，乡村尚未遭到完全破坏。威廉斯本人曾指出《为马诺德而战》是在“试图包括并聚焦于未来”[②]，所以对马诺德生态问题的担忧是对未来的担忧。《乡村与城市》提到，乡村劳工出身的诗人约翰·克莱尔曾经到威廉斯的家乡游玩，克莱尔还饱含感情地描述那些威廉斯“毕生熟悉的山峦”：“无数人从活着，到去世/穷尽一生，也无福/瞥见一眼。”[③] 威廉斯深知，随着城市发展的需要许多乡村都会卷入巨变之中；对于乡村原来的样子，人们再也无福“瞥见一眼”。在英国工业化和城市化进程中，无数乡村居民来到城市。即使到威廉斯生活的时代，许多城市居民父辈或祖父辈的家庭成员仍有许多来自乡

---

① Raymond Williams, *Resources of Hope*: *Culture*, *Democracy*, *Socialism*, Robin Gable, ed. , London. New York: Verso, 1989, p. 4.

② [英] 雷蒙德·威廉斯:《政治与文学》，樊柯、王卫芬译，河南大学出版社2010年版，第295页。

③ Raymond Williams, *The Country and the City*, New York: Oxford University Press, 1973, p. 136.

村。因此，《为马诺德而战》中对正在失去的乡村传统生活的留恋，并不单是威廉斯一个人内心深处隐藏的乡愁。

随着时间的推移，威廉斯不断对其生态思想进行改进与完善，也不断提出人类在生态领域面对的新问题与新危机。在1985年出版的小说《忠诚》中，威廉斯对生态的关注已经不仅仅限于乡村，而是扩展向整个大洋。《忠诚》中年轻的科学家格文·博豪斯面临的一个重要任务就是为核废料寻找倾倒场所，他们甚至探讨将核废料排到大洋深处，污染人类共有的水域。是忠诚于本国人民的利益还是对整个人类的进步与安全负责，成为知识分子格文的艰难选择。格文的父亲诺曼年轻时以促进人类共同进步为理想，因而将国内先进技术透漏给社会主义国家苏联。诺曼受到来自本国社会主义阵营的怀疑和指责，成年后的格文也指责他为“背叛者”。虽然诺曼坚信自己并无过错，但最终还是不得不离开了工作岗位，到乡村山林中寻找精神慰藉与心灵安宁。诺曼父子的经历表明，威廉斯眼中的生态问题并不仅仅是某个国家或民族孤立的问题，而是人类的共同问题和共同利益。

三　生态危机的根源与希望

对生态问题的思考，使威廉斯对弗·雷·利维斯等知识分子对乡村“有机”社会的留恋表现出极大的宽容与理解。英国民众对昔日美好乡村的缅怀或源于从乡村迁居城市后的怀乡情结，或源于对冷漠疏远的城市生活的反感，原因不一而足。威廉斯认为，撇开其他原因不谈，单是20世纪中期英国严重的城市污染就足以令人怀念整洁明净的乡村了。所以他在《自然观》一文中指出：“出于对我们现在处境的反应，许多作家创造了理想化的昔日乡村——像早期黄金时代神话一样纯真的乡村，也可以说是人与自然尚未分离的有机乡村。”[①] 威廉斯清楚地认识到，这种观点不过是在昔日美好乡村幻想中逃避现实，所以他竭力探索着真正能够解决问题的方式。

由于工业革命使人类对自然界的破坏力得到彰显，很多学者认为是工业发展导致了生态恶化，威廉斯对这种在当时极为盛行的思想进行了批驳。威廉斯认为，人类对自然环境的破坏早在工业革命之前就已经开始了，过度放牧、森林砍伐等行为都会带来生态灾难；工业革命之前未被践踏的完美生态环境只是现代社会中人们想象出来的理想状态。不仅如此，威廉斯还指出，“很多最严重的破坏，无论是对人还是对土地，都发生在乡村经济中或源于乡村经济”。[②] 威廉斯强调前工业时代乡村就已存在生态破坏，并非为了否认大规模工业生产所带来的灾难性后果，而是希望从更为完整的总体环节上客观地看待生态问题的形成原因。

威廉斯认为，许多国际关系问题在本质上是由于资源争夺而导致的生态问题。所以在威廉斯看来，当前不少关于生态的论断根本就没有抓住问题的实质；对生态的关注应该首先从分析社会中更深层的经济资源与利益等问题着手，然后才能在政治和文化层面考虑应对方式。1983 年，威廉斯在伦敦社会主义协会以“未来阶段的种种问题”为题做演讲，并在演讲中指出：“我们正在陷入一场非常深刻的生态危机——关于资源与危险技术的危机，也是关于资源稀缺程度以及稀缺资源争夺的危机。资源稀缺激化了以前的种种矛盾。”[③] 威廉斯认为当代英国同其他国家在核武器等技术与政治领域内的较量，实质上都是生态危机所造成的后果，是不同资本主义力量为争夺有限生态资源而进行的竞争。

威廉斯对生态问题根源的认识，并未止步于将其归咎于资本主

---

① Raymond Williams, *Culture and Materialism*, London. New York: Verso, 2005, p. 82.

② Raymond Williams, *Resources of Hope: Culture, Democracy, Socialism*, Robin Gable, ed., London. New York: Verso, 1989, p. 213.

③ Ibid., p. 167.

义力量之间的经济利益争夺，他也从资本主义的价值体系中寻找思想根源。威廉斯发现，19 世纪工业技术的进步导致人类产生了“征服自然”“驾驭自然”的思想。威廉斯认为这种思想对自然和人类社会都是一种灾难：

> 这种驾驭和征服自然的态度，从一开始就与掌控地球自然物资、利用水域为所欲为的行为密切相连，并且还意味着摆布他人，到但凡有其觊觎之物的地方去镇压或征服。征服和驾驭的喻义就来源于此，它们是帝国主义在扩张阶段的经典逻辑。它们构成了整个资本主义的内在道德体系：驾驭自然，征服自然，或者利用自然为己所用。[①]

从这段话可以看出，威廉斯对生态问题根本原因的发掘，已经深入资本主义的内在价值逻辑。威廉斯看到在资本主义价值体系下，大工业资本家对自然进行掠夺与征服的必然性。资本家最为关注的是自身经济效益，绝不会从人类自然环境的整体去考虑生态问题。威廉斯一度认为生态问题的解决在很大程度上依赖于技术的进步，他提出，“新的能源、新的生产方式、得以改善的交通与通信设施都足以使英国重新变得清洁而宜人”[②]。但后来威廉斯认识到，更高级的技术和更丰富的社会生产都不能从本质上改变资本主义社会生态日益恶化的趋势，所以要解决生态问题，必须另寻出路。

相对于他在传媒、文学批评和社会学等领域内的开拓，威廉斯的生态思想尚欠成熟。他只是表达了自己对生态问题的忧虑，对于如何解决这个问题却显得力不从心。泛泛地发出告诫已经无济于

---

① Raymond Williams, *Resources of Hope*: *Culture*, *Democracy*, *Socialism*, Robin Gable, ed. , London. New York: Verso, 1989, p. 214.

② Ibid. , p. 10.

事，真正的生态治理由于触及资本主义体系内的各方利益而难度极大。看到解决生态问题之棘手，威廉斯哀叹“我们都是失败者”[①]，并再次寄希望于社会主义。

小　结

自从工业革命以来，英国乡村在经济上日益处于边缘地位，沦为城市工业的原材料产地、劳动力供应和商品销售场所。继之而来的，是英国文化界对乡村形象的两极化处理——人们或者将乡村视为愚昧落后之地，或者将乡村打造为充满浪漫主义色彩的美好田园。这种做法并没有使乡村形象随着社会发展而发展，而是被孤立于整个英国社会文化之外。所以威廉斯致力于通过文本分析发掘英国乡村历史的真实状况，将工业革命以来乡村与城市在经济和文化上相互交融渗透、密不可分的关系予以展现。威廉斯将乡村经济与文化置于同城市同等的地位，为他的“共同文化”“共同利益”等理论的提出提供了坚实的现实基础。

在消解乡村与城市对立关系的同时，威廉斯也看到了乡村在现代化进程中遭遇的挑战与危机。不同于先前学者看到的乡村人口向城市和矿区的流动，威廉斯还极为关注从城市向乡村的人口回流，以及乡村工人阶级内部的迁出活动。这种频繁且多向度的流动，是英国乡村现代性的表征。伴随着人口流动而出现的，是乡村传统伦理道德的变化，威廉斯对待这一问题关切而冷静的态度，再次表明他是一个既承继传统又超越传统的思想家。

在现代乡村存在的诸多问题中，威廉斯对生态问题尤为关注。他多次在不同场合和不同文章中提出生态问题的严重性并探讨生态

① Raymond Williams, *Resources of Hope*: *Culture*, *Democracy*, *Socialism*, Robin Gable, ed., London. New York: Verso, 1989, p. 219.

问题产生的根本原因。威廉斯考察生态问题时，没有像在《文化与社会》和《乡村与城市》中那样不断将目光投向过去，而是展望未来。他未将对生态问题的思考囿于英国本土，而是将生态问题当作人类社会普遍存在的问题。对生态问题的关注表明，威廉斯对英国乡村的思考最终跨越了地域界线，成为对人类共同命运的探索与思考；对乡村传统与乡村问题的观察与剖析，也逐渐扩展到未来社会的积极展望。正是在对英国乡村的观察与反思中，威廉斯体现出他在英国文化传统与现代性之间的跨越轨迹。

第三章

乡村出路

威廉斯善于借文学批评来剖析英国社会，他在《文化与社会》和《从狄更斯到劳伦斯的英国小说》中运用的批评素材多是狄更斯、艾略特、劳伦斯等 19 世纪小说家的作品。然而这些作品反映的社会状况，与威廉斯生活的时代已经有了很大不同。威廉斯可以将 19 世纪的小说当作自己的文化资源和考察英国社会变迁的佐证，却无法以分析这些小说来展现自己所处时代的社会问题，所以威廉斯不得不以亲自创作小说来弥补这种欠缺。他的小说多取材于他所处的时代，展现了不同于 19 世纪文学作品的社会新问题。换句话说，威廉斯本人所创作的小说展现出与其他作品全然不同的特色，反映了不同时代和不同方面的社会问题。威廉斯一些在理论著述中未能充分展开的观点，也在小说中得到了体现。因此，本章在进行理论论述时会适度参考威廉斯以乡村为背景的小说，而以小说管窥社会变迁其实也是威廉斯常用的研究方法。

第一节　教育

自从工业革命以来，英国教育得到了前所未有的重视。这一方面是由于工业经济的发展导致资产阶级统治阶层迫切需要大批具有更高技术水准和文化素养的人才；另一方面是因为中下层民众认识到教育的重要性之后进行了积极争取。无论是何种原因，教育对个人和社会发展都是一种极其重要的促进力量，所以从早期的威廉·科贝特到后来的阿诺德、利维斯、劳伦斯等英国知识分子，都将教育置于至关重要的地位。英国知识分子对教育的关注在威廉斯身上得到了延续，他不但在不同场合表达对教育的重视，也把对教育的思考贯穿于不同时期的作品中。他甚至与妻子乔伊·威廉斯合编了《D. H. 劳伦斯论教育》（1973）一书，专门对劳伦斯的教育思想进行梳理。

威廉斯毕生从事教育事业，对教育尤其是成人教育有着极为深刻的体会。英国学者本·卡林顿甚至认为威廉斯在教育上的贡献远超他的学术创见，威廉斯同理查德·霍加特和爱德华·汤普森一样，“与其说在特定的时刻写出了著作，不如说他们都是处在正规高等教育的边缘和外部，参与了这一政治过程的教育家”[①]。尽管威廉斯被称为“教育家”，但是实际上人们对威廉斯教育思想的研究仍存在很大的发展空间。英美学者在论及威廉斯教育思想时侧重于探讨其成人教育的影响或进行抽象的理论评析，对威廉斯教育思想的发展脉络缺乏清晰而全面的认识。国内对威廉斯教育思想的研究成果更加稀少，仅有的数篇论文均是从成人教育视角展开。实际上，成人教育只是威廉斯教育思想的一部分，威廉斯还花费了大量精力来反思精英主义教育。他对统治阶层挑选优秀中下层子弟进行教育的做法尤为反感，并在批驳这种“阶梯”教育的基础上形成了“共同教育”思想，而后者成为其“共同文化”思想的重要组成部分。从早年“阶梯”教育与“共同教育”的提出，到晚年以小说叙事对其进行完善和深化，威廉斯的教育思想经历了漫长的发展历程。了解这一历程不但有助于全面了解威廉斯文化思想，对探索乡

① 陶东风编：《文化研究精粹读本》，中国人民大学出版社2006年版，第14页。

村未来发展也具有重要的参考价值。

一　“阶梯”教育观点的提出

威廉斯虽然“出生于乡村一个世代务农的家庭”[①]，却得以进入剑桥大学接受精英教育。独特的成长经历使得威廉斯尤其关注那些从社会底层成长起来又为劳动人民发声的文化精英，因此他对来自乡村并描写乡村的威廉·科贝特、擅长描写乡村社会百态的简·奥斯丁和生动再现乡村变迁的乔治·艾略特等作家都表现出高度赞赏与认同。威廉斯自剑桥大学毕业后，从事成人教育长达15年之久。在此期间，威廉斯开始考虑普通劳动者的文化地位问题，他对少数乡村劳工和工人阶级子女获得精英教育的现象尤为关注，并在1958年出版的《文化与社会》中提出了教育“阶梯观念”。威廉斯将普通家庭子女通过精英教育获得阶层提升称为登上“阶梯”，并在同年发表的《文化是平常的》一文中进一步拓展了这一观点。

教育中的“阶梯”意象并非威廉斯首创。在《文化与社会》之前一年出版的《识字的用途》中，理查德· 霍加特将中下层子弟通过精英教育获得阶层提升比喻为踏上“阶梯”，并在该书中多次运用这一意象。霍加特认为这些穷人子弟在进入新的阶层后会产生不适感，“有时候他得到的工作更增添了他微微晕眩的感觉，好像自己仍然站在阶梯上似的”[②]。霍加特详细描写了这些接受过精英教育的平民子女在置身于精英群体时所经历的艰辛。他们如履薄冰、小心翼翼，内心长期在痛苦与煎熬中挣扎。霍加特喜欢将那些踏上“阶梯”的孩子称为“奖学金男孩”。霍加特本人也是“奖学金男孩”，他和威廉斯这样受过精英教育“恩惠”的知识分子以自

---

① Raymond Williams, *Culture and Society 1780 - 1950*, Garden City: Anchor Books, 1958, p. 278.

② Richard Hoggart, *The Uses of Literacy*, London: Penguin Books, 1957, p. 248.

身经历和感受出发，思考这种教育的有效性和局限。斯图亚特·霍尔在书评《无阶级的观念》中对“奖学金男孩”以及“向上流动的阶梯”也专门进行过批判。霍尔认为“阶梯”教育是有局限的，它“把共同体分成了一系列独立的、竞争着的个人”，并且这些个体“只能以牺牲别人来抓住这种机会”。[①] 威廉斯、霍加特和霍尔等人的讨论，使“阶梯”教育成为当时左派思想家共同关注的社会现象。

霍加特对平民子弟踏上“阶梯”之后的生活与心理状态进行了描述，但对于如何应对这种状况却未置一词。威廉斯则将人们对教育“阶梯观念”的认识予以进一步拓展。威廉斯认为，在中产阶级和无产阶级中分别存在着服务观念和团结观念。中产阶级以“服务观念”为指导的教育在很大程度上是一种“奴仆训练”，是为了维护现有的统治秩序而设立的。由于这种“奴仆”教育并不能得到劳工们的认可，资产阶级又为工人阶级炮制了一种“阶梯观念”以便取代工人阶级的“团结观念”。威廉斯指出：“对行之有效的团结观念的另一个替代观念是个体机会观或阶梯观。服务的形式之一，便是提供在工业、教育或其他领域向上攀爬的阶梯。”[②] 在统治阶级看来，因为劳工和工人阶级子女可以利用这种“阶梯”获益，所以便有可能对炮制这种“阶梯观”的中上层阶级产生认同。但是威廉斯并不赞成这种观点，他认为“阶梯”教育对劳动阶层整体地位的提升作用有限。威廉斯所期待的，是一种人人平等的教育。在1961年出版的专著《漫长的革命》中，威廉斯以《教育与英国社会》一文回顾了英国教育发展的历史，再度指出精英教育之不足，并提出实现“公共教育”的理想。威廉斯对成人教育、开放大学都极为

---

① 张亮、熊婴编：《伦理、文化与社会主义：英国新左派早期思想读本》，江苏人民出版社2013年版，第165页。

② Raymond Williams, *Culture and Society 1780 - 1950*, Garden City: Anchor Books, 1958, p. 350.

支持，显然是将其当作实施“公共教育”的重要举措。“公共教育”既得到了全社会的支持，又能惠及众多来自普通家庭的年轻人。同之前提出的旨在保障人们共享教育机会的“共同教育”理想相比，“公共教育”是威廉斯对教育平等思想在现实生活中的具体化。无论是“共同教育”还是“公共教育”，最终都有利于“共同文化”的实现。

就在出版《漫长的革命》的同一年，威廉斯辞去牛津大学远程教育教师的职位，进入剑桥大学英文系工作。在有些学者看来，此后“教育在他的作品中被提到的越发少了”[①]。实际上，威廉斯在继续整理从事成人教育工作期间撰写的讲稿，发表了《传播》《从狄更斯到劳伦斯的英国小说》等作品。同时威廉斯还将目光投向更为广阔的社会学领域，将文化与整个社会发展联系起来，总结前期文化唯物主义思想的《马克思主义与文学》《文化社会学》等作品也相继问世。这些理论作品在风格上已经完全不同于早期的《文化与社会》，越来越多地显现出学院派气象。在20世纪60—70年代的理论作品中，威廉斯虽然频频提及教育对实现共同文化和民主的重要性，但并未对教育再进行过专门的论述。然而，这并非意味着威廉斯对教育的探讨已告终结。实际上，20世纪60年代后威廉斯教育思想逐渐沿着两条并行不悖的路线发展。一方面，威廉斯进入更为宏观的社会学研究领域中，分析教育等习俗机构在统治者实现文化霸权过程中所发挥的作用。《文化社会学》《马克思主义与文学》等理论作品也因此成为人们研究威廉斯教育思想的重要依据。另一方面，威廉斯将目光投向乡村工人阶级内部，探讨阶梯“教育”给受教育的平民子弟造成的精神流放以及工人阶级内部的疏离与断裂。威廉斯在“威尔士三部曲”中对这些现象予以清晰展现。可以

---

① Leslie Johnson, *The Cultural Critics from Matthew Arnold to Raymond Williams*, London: Rouledge & Kegan Paul, 1979, p. 173.

看出，威廉斯对教育，尤其是“阶梯”教育的关注并未停止，而是在经过长期酝酿与积累后以更为生动和明晰的方式展现了出来。

二　“阶梯”教育的意义与局限

在威廉斯思想的发展过程中，人道主义色彩逐渐被斗争的激情所取代。与之相应，“阶梯”教育观也逐渐从单纯的教育观点演变为威廉斯揭露资产阶级之虚伪本性的斗争工具。对于威廉斯思想的转变，伊格尔顿评论说：“人们已经谈腻了的情形是，某某人由一个年轻激进分子成了中年反动分子，他却令人欣慰地把这句话颠倒过来了。”[①] 威廉斯思想日渐激进的历程在小说“威尔士三部曲”中也明显地体现出来。但是在“三部曲”的最后一部《为马诺德而战》中，作者已经不甚关注“奖学金男孩”的内心苦闷，而是着重刻画受过“阶梯”教育的知识分子为保卫马诺德乡村而与统治阶级进行的激烈斗争。马修和彼得发现在马诺德的开发计划中可能存在着政治腐败和国外势力的操纵，而且这一切都在马诺德居民不知情的状况下进行，于是他们为保护马诺德与当权者展开了激烈抗争。

在威廉斯看来，“阶梯”教育是具有一定进步意义的。毕竟接受过精英主义教育的人，能够更透彻而理性地观察精英层对底层的操纵，从而才有可能进行有针对性的抗争。在《为马诺德而战》中，马修对政府官员罗伯特·莱恩说：“我只知道一件事，那就是：打败官僚机构的唯一方法是进入官僚机构；担任官职才能挑战官员；进入委员会才能与委员会对抗。不是避免接触他们，而是融入其中直接面对他们。”[②] 显然马修认为，普通劳动者只有掌握话语权

---

① ［英］特里·伊格尔顿：《历史中的政治、哲学、爱欲》，马海良译，中国社会科学出版社 1999 年版，第 260 页。

② Raymond Williams, *The Fight for Manod*, London: The Hogarth Press, 1988, p. 16.

之后才有可能同压迫他们的统治阶层进行斗争。马修通过担任政府顾问，得以发现马诺德乡村开发计划中可能存在的腐败与国外势力的操纵。正是因为自身通过精英教育获得的才干与阶层的提升，才使马修等人具备了与统治阶级对话的机会与能力。

尽管“阶梯”教育有其可取之处，但却意味着教育机会的不平等。在《文化是平常的》一文中，威廉斯不满地说：“只有那些值得培养的人才能获得教育机会，这一点现在依然显而易见。”[①] 将智力和才华出众的穷人子女挑选出来，给他们以同中上层阶级子女一起学习的机会，这种教育模式并没有打动曾经从中受益的威廉斯。威廉斯企盼的是平等的教育机会，是一种教育上的“共同改善”。在《边村》中，威廉斯生动刻画了一个试图通过其他途径踏上阶梯却遭遇挫折的人物形象艾伦。少年艾伦是一名足球健将，被来自卡迪夫的教练选中并带到城里培养发展。但是没过多久艾伦就遭淘汰，心灰意冷地回到了村庄。艾伦向正在申请奖学金的马修泼冷水：“不要以为自己有什么特别。接受自己被淘汰出局很难，我已经尝到这种滋味了。”[②] 可以看出，对中上层子女来说轻而易举的教育机会，对像马修和艾伦这样的乡村穷人子弟来说却是无比渺茫的希望。平民子弟对于自己能否登上“阶梯”并无自主选择权，只能被动地接受挑选并承受这种挑选所带来的精神痛苦。

精英教育尽管能够为优秀底层子弟提供“阶梯”，但其主要的服务对象还是资产阶级子女。据威廉斯回忆，他在进入剑桥大学后发现，很多家境优越的学生视进剑桥大学读书为理所当然。这些中上层子弟从小就知道自己能够进入剑桥读书，因为优质的教育资源主要就是为他们这样的孩子准备的。在小说《忠诚》中，农家子弟

---

① Raymond Williams, *Border Country*, Cardigan: Parthian, 2006, p. 289.

② Raymond Williams, *Resources of Hope: Culture, Democracy, Socialism*, Robin Gable, ed., London. New York: Verso, 1989, p. 7.

葛文得以进入剑桥大学读书，就是生父在上层社会的人脉起作用的结果。如前文所言，普通劳动者子女通常情况下很难获得精英教育，即使少数人得以踏上教育“阶梯”，最终也不过是被培养成资产阶级的高级奴仆。威廉斯考察了英国的教育史，发现挑选穷人子女纳入教育计划的行为在英国历史悠久。自19世纪后半叶始，英国的中等教育就开始接受少量穷人子女。威廉斯指出，“虽然这些学校招收的学生大部分仍来自于中上层阶级，但毕竟也为中下层阶级和工人阶级的孩子们提供了方便，他们可以填满剩余的空额”[①]。威廉斯冷静的陈述实际上暗含了对这一政策的嘲讽，因为这种教育政策的出发点根本不是为了赋予劳动阶层子女平等的教育机会和更美好的未来。

威廉斯认为“阶梯”教育还有一个严重缺陷，那就是得益于这种教育的只能是极少数人。所以对登上“阶梯”的人来说，“毫无疑问，它提供了向上爬的机会，但它毕竟只是单个人使用的工具：你只能独自一人顺着阶梯向上爬”[②]。美国学者丹尼斯·L. 德沃金也指出，尽管在威廉斯笔下“个体成员攀上了提供给他们的阶梯”[③]，但是工人阶级的整体民主意识并未改变。这种教育将来自中下层的绝大多数年轻人拒之门外，造成了劳工和工人阶级的内部分裂。在《边村》中，威廉斯对这种分裂进行了细致的刻画。马修获得奖学金离开乡村进入大学读书，逐渐与家乡人民产生了隔阂。马修即使回到家乡后也一直处于不安和焦虑之中，他对自己的离开感到非常愧疚和自责，内心备受折磨。马修的父亲的好友摩根·罗瑟言简意赅地指出了马修痛苦的根源：“你没有身处像我们一样接受

① ［英］雷蒙德·威廉斯：《漫长的革命》，倪伟译，人民出版社2013年版，第156页。

② Raymond Williams, *Culture and Society 1780 – 1950*, Garden City: Anchor Books, 1958, p. 350.

③ Dennis L. Dworkin, Leslie G. Roman, *Views Beyond the Border Country*, New York: Routledge, 1993, p. 45.

你的人之间。”[①]

那些踏上教育“阶梯”的普通家庭子弟，不但与原有的生活群体日益疏远，而且很难融入城市统治阶级精英阶层。《边村》中的马修不能融入城市生活，极少与周围的人群交流。威廉斯本人虽然未遭遇马修那样严重的精神危机，但也时常遇到城乡两种不同生活方式之间产生的碰撞与冲突。威廉斯听同事说在剑桥大学人们路逢熟人也不打招呼，但 1963 年在街头偶遇利维斯时他还是热情地挥手致意。对此，威廉斯解释说：“我的家乡地处威尔士边界，在那里人们无论遇到朋友还是陌生人都会主动问候。”[②] 在城市生活多年的威廉斯，行为习惯仍然遵循着从前的乡村习俗，他的言行举止还是与剑桥生活的氛围格格不入，所以伊格尔顿说他看起来“更像乡下人”[③]，而非精英知识分子。

威廉斯还发现，走上教育“阶梯”的乡村劳工或城市工人子女常被主导文化所收编，在来到“阶梯”顶端之后背弃原来的阶级。威廉斯因此指出：“尽管教育方面发生了很多变化，多数知识分要么是直接来自统治或特权阶级，要么很快就同这些阶级保持一致。”[④] 来自乡村却受过精英教育的穷人子女未必能为乡村代言，对他们来说乡村居民和乡村生活已经成为遥远的过去。在《为马诺德而战》中，马诺德居民对政府部门聘用的顾问马修并不信任。尽管马修对家乡的发展极为关注，却被告知：“你不必说话时表现得就好像是我们其中一员似的。你是作为官员回来的，你是政府那边的一员。你属于控制我们的那个集团，你们的生活更与我们格格不

---

① Raymond Williams, *Border Country*, Cardigan: Parthian, 2006, p. 355.

② Raymond Williams, *What I Came to Say*, London: Hutchinson Radius, 1989, p. 15.

③ ［英］特里·伊格尔顿：《历史中的政治、哲学、爱欲》，马海良译，中国社会科学出版社 1999 年版，第 255 页。

④ Raymond Williams, *Resources of Hope: Culture, Democracy, Socialism*, Robin Gable, ed., London. New York: Verso, 1989, p. 144.

入。"[1] 当地居民对马修的质疑使马修在同马诺德乡村背后的操纵力量对抗时势单力孤，马修在同资产阶级决策者论战时心脏病突发，他的抗争最终能起多大作用作者也未做详细交代。"阶梯"教育最终并不能成为解决乡村问题的良方，所以英国学者莱斯利·约翰逊得出"教育阶梯的意象永远不会富有成效"[2] 的结论。

三　共同教育

威廉斯认识到精英教育并不足以解决乡村日益边缘化所带来的危机，乡村文化的未来只能存在于"共同教育"之中。早在1958年发表的《文化是平常的》一文中，威廉斯就指出："我们必须要强调的应是普通公路，而非阶梯。因为每个人的无知都会令我们渺小，而每个人的技能则使大家共同获益。"[3] 此后，威廉斯对教育"阶梯"思想不断加以论证和完善，并在此基础上提出了"共同教育"思想。威廉斯"共同教育"的目标非常清晰，那就是要"把阶梯这个意象抛开，重新关注合适的目标：创造共同的教育资源；关心物质分配的平等；致力于传统和经验共同体的形成过程"[4]。从"阶梯"教育转向"共同教育"并"塑造传统和经验共同体"的过程，实际上就是经由"共同教育"实现"共同文化"的过程。"共同教育"理念是威廉斯实现"共同文化"思想的重要途径和组成部分。

---

① Raymond Williams, *The Fight for Manod*, London: The Hogarth Press, 1988, p. 170.

② Leslie Johnson, *The Cultural Critics from Matthew Arnold to Raymond Williams*, London: Rouledge & Kegan Paul, 1979, p. 169.

③ Raymond Williams, *Resources of Hope: Culture, Democracy, Socialism*, Robin Gable, ed., London. New York: Verso, 1989, p. 15.

④ Raymond Williams, *Culture and Society 1780 – 1950*, Garden City: Anchor Books, 1958, p. 351.

为了能够实现“共同教育”，威廉斯提出“教育是平常的”[①]。威廉斯认为教育并不仅仅包含牛津、剑桥等大学的精英教育，读书看报、参观博物馆、欣赏音乐会、接受成人教育等都能使一个人获得知识技能或提高修养，达到教育的目的。教育并不只存在于知识分子云集的伦敦，亦存在于普通人日常生活的各个细节中。威廉斯钟爱的几个善于描写乡村场景的小说家乔治·艾略特、哈代和劳伦斯曾被批评家称为“自学成才者”。威廉斯对此非常愤慨，因为这三名作家“并非没有接受过正规教育”[②]，只不过是没有进入牛津或剑桥而已。在统治阶层眼里，只有精英教育才算教育。威廉斯对此非常不满，就算这几个作家没接受牛津或剑桥大学的教育，“如果真要问起来，英国议会或任何别的什么地方的人，又有多少能够经得起跟乔治·艾略特认真比较呢?”[③] 在《边村》中，普通信号工人哈利·普莱斯在动荡的社会中精神笃定、冷静决断；小工场主摩根·罗瑟洞悉世事、人情练达。他们未受过精英教育，却充满了生活智慧、能够给处于迷茫中的马修带来精神力量。这种智慧和力量的获得常常靠生活的磨砺和对日常生活的观察与思考，单靠精英教育未必能够形成。通过这种描写，威廉斯力图打破人们对精英教育的盲目尊崇，使社会普通成员接受的成人教育、公共教育和在工作与生活中获得的技能都得到认可与尊重。

威廉斯的“共同教育”不但涵盖不同的教育方式，而且涉及不同的社会群体。很多读者认为威廉斯从事的是工人阶级教育，但威廉斯并不喜欢这种说法，因为“成人教育比工人教育更为广泛”[④]。

---

① Raymond Williams, *Resources of Hope: Culture, Democracy, Socialism*, Robin Gable, ed., London. New York: Verso, 1989, p. 14.

② Raymond Williams, *The Country and the City*, New York: Oxford University press, 1973, p. 171.

③ Ibid..

④ Raymond Williams, *What I Came to Say*, London: Hutchinson Radius, 1989, p. 157.

实际上，威廉斯所从事成人教育的校舍地处苏塞克斯郡东部的偏远乡村，并非在工人聚集的大都市。这就决定了威廉斯的教学主体不可能是纯粹的工人阶级，而是由农场工人、手工业者等形形色色的群体混合而成。威廉斯曾对所教班级的人员构成和学习状况做出过说明："我在哈沃西斯有一班学生是家庭主妇，他们想读点文学作品。她们的学习兴趣完全是认真的，但是其社会内涵全然不同。"① 对这些来自不同阶层的学习者，威廉斯都倾注全力进行教育，并且在从事成人教育和剑桥精英教育的过程中都形成了独特的理论成果。

威廉斯眼中的"共同教育"还意味着一种延长了的教育期限。马诺德与利维斯等精英主义者希望"有教养"的读者能够阅读那些"光明而甜美"的英国经典文学作品，这种即使不在知名学府也能进行的自我教育活动实际上已经包含了终身教育的思想。有了这些知识分子教育思想的影响，威廉斯对成人教育的大力支持也就不足为奇。1944 年的《巴特勒法案》将英国义务教育的年龄延长到 15 岁，义务教育从小学延伸到了中学阶段。但威廉斯对此仍然不够满意，他认为一个 15 岁的孩子应该继续学习。仅挑选劳动人民子女中头脑聪明的孩子并安排他们继续接受教育是不合理的。而且在威廉斯看来，到 15 岁就戛然而止的教育是不充分的。威廉斯指责说，"如果一个拥有中等学习能力的孩子不能在目前规定的年限内，学到当代普通教育的精髓，那么唯一的答案是给他更多时间，而不是抱着一种顺从天命的遗憾心情，将一些精髓弃之不顾"②。

威廉斯的这种观点使他成为英国开放大学的坚定支持者。开放大学是在威尔逊政府的倡导下于 1969 年成立的，该大学没有传统

---

① ［英］雷蒙德·威廉斯：《政治与文学》，樊柯、王卫芬译，河南大学出版社 2010 年版，第 62 页。

② ［英］雷蒙德·威廉斯：《漫长的革命》，倪伟译，人民出版社 2013 年版，第 161 页。

大学那样严格的入学要求，只要年满 21 岁即可提出申请。学生只需在暑期到校集中学习两个星期，平时可利用业余时间依据电视、广播课程和函授资料进行自主学习。这种前所未有的教育方式，使许多来自偏远乡村的年轻劳动者获得了第二次受教育机会。威廉斯等左派思想家对开放大学鼎力支持，很多左派思想家直接担任开放大学教员，所以“开放大学的课程设置和教员聘任很大程度上都归功于左派提出的教学思想”[①]。开放大学运用新的媒体技术使得原来少数人享有的教育机会惠及更大的人群，打破了资产阶级对优质教育资源的垄断。威廉斯将这所大学视为教育的典范，并在《迈向2000 年》等作品中多次对开放大学予以赞扬。开放大学的办学理念符合威廉斯的“共同教育”观点，使威廉斯不但看到了未来教育的希望，也因此更坚定了反对文化悲观主义的信心。

从威廉斯的思想发展历程来看，威廉斯从自身的教育经历出发产生了对“阶梯”教育的思考，并提出了“共同教育”的思想。这一思路同威廉斯在批判利维斯派精英主义思想的基础上逐渐形成“共同文化”的历程是一致的。所以说，经由“阶梯教育”生发的教育思想是整个威廉斯文化理论的重要组成部分。虽然“阶梯”教育思想所关注的除了乡村子弟外还有广大工人阶级子女，但威廉斯主要依据自己所熟悉的威尔士乡村对“阶梯”教育的利弊展开探讨，所以其“阶梯”教育观对乡村发展也具有尤为重要的意义。威廉斯致力于为乡村寻求与城市平等的地位和乡村对未来发展的决定权，最终发现经由共同教育实现共同文化是乡村发展的重要途径。在资本主义制度下，他的“共同教育”理想充满了乌托邦色彩，但他至少探索了左派知识分子斗争的方向。正是在威廉斯等知识分子的努力下，被排除在资产阶级文化和政治权力之外的劳动人民子女

---

① Ioan Davies, “British Cultural Marxism”, *International Journal of Politics, Culture and Society*, Vol. 4, No. 3, 1991.

才能获得更多的权益，才能看到“在持续不断的努力下，那些大门正在慢慢打开”①。

第二节　共同体与共同文化

威廉斯和同时代的新左派思想家理查德·霍加特以及爱德华·汤普森一样，对英国在工业革命之后所经历的巨大变迁进行了反思。他们看到了古老农耕文明的瓦解和种种新社会潮流的涌现，积极对文化进行梳理并试图从文化领域内寻找应对社会危机的方式。而“共同体”和“共同文化”，则是威廉斯积极提倡的重要内容。由于威廉斯的“共同体”和“共同文化”理念在一定程度上回避了阶级之间的紧张关系，所以被许多左派思想家批评具有保守或改良主义色彩。但是考虑到威廉斯的“共同体”和“共同文化”思想包含了多元文化共同存在的可能性，所以即使今天看来也具有重要意义。

一　共同体

威廉斯曾在不同时期的作品中表明，他处于共同体的边界。他从自己的经验出发，对共同体进行理论考察与历史分析，从而拓宽了自己的社会分析范围。从对共同体的分析出发，威廉斯形成了共同教育和共同文化等观点。因此可以说，对共同体的长期研究，为他的文化思想提供了独特的视角与理论框架。

“共同体”这一概念并非威廉斯首创，但正是因为威廉斯的不断强调和拓展，共同体观念在英国文化界产生了更为广泛而深远的影响。特里·伊格尔顿就曾坦承：“我觉得雷蒙德对共同体的强调

---

① Raymond Williams, *Resources of Hope*: *Culture*, *Democracy*, *Socialism*, Robin Gable, ed., London. New York: Verso, 1989, p. 7.

使我深受影响。"[①] 早在1958年出版的《文化与社会》中，威廉斯就开始对"共同体"进行探讨。虽然当时威廉斯并未对共同体的概念进行明确界定，但他指出：共同体观念强调个人的社会价值，强调共同的思考方式与情感，因此具有积极的社会功能，值得引起人们重视。

在《文化与社会》中，威廉斯依次讨论了分别与中产阶级共同体和工人阶级共同体相对应的两种观念：服务观念和团结观念。服务观念的形成有赖于教育中的"奴仆训练"，即通过教育来为上层阶级培养奴仆，将为国家安全和公共福利服务的思想灌输给知识分子。服务观念主张培训奴仆，要求他们无私付出，以个人利益服从大局利益。对此威廉斯非常反感，认为这在本质上是一种被理想化和合理化了的更大的自私。威廉斯认为，由于他没有从幼年就开始接受这种伦理训练，所以始终无法认同这种共同体观念。事实上不但中产阶级知识分子难以接受这种观念，劳工们也无法想象他们与那些高高在上的人具有相同的共同体，因此服务观念很难产生实际效果。

威廉斯继而详细讨论了针对工人阶级共同体的团结观念，即"阶梯"观念。虽然工人阶级无法接受服务于共同体的观念，但是"阶梯"观念却取得了一定成效。统治阶级制定相关政策，在工业和教育等领域提供一种能使社会地位上升的"阶梯"，这种阶梯使不少工人阶级领袖和底层出身的精英知识分子受益。但威廉斯很快发现了"阶梯"观念存在的问题。首先，从"阶梯"受益的只能是少数人，个体只能孤独地向上爬，绝大部分劳动者仍然无法改善自己的境况。其次，阶梯观念引发了工人阶级内部的冲突。"阶梯"这一意象本身就意味着个体在踏上"阶梯"之后社会地位的变化，

---

① Terry Eagleton, Matthew Beaumont, *The Task of the Critic*: *Terry Eagleton in Dialogue*, New York. London: Verso, 2009, p. 98.

标志着个体与原来群体的剥离。威廉斯因此对“阶梯”观念深恶痛绝，尽管他本人就是“阶梯”教育的受益者。《边村》中知识分子马修回到家乡后不愿遇到故人，内心常觉局促不安，这实际上是通过“阶梯”脱离原来共同体的个体的普遍感受。在威廉斯看来，“团结观念/阶梯观念”之所以无效，是因为它同服务观念一样暗含了对不平等社会地位的认可。所以威廉斯做出判断：“它是一个分裂社会的产物，也将会随着这种社会一起消亡。”[①]

威廉斯分析了英国社会中最主要的两个共同体观的缺陷之后，并没有提出替代性的共同体观。他只是表明，一种“共同文化”必将有利于共同体的形成。在《文化与社会》出版后，威廉斯并没有停止对共同体观念的思考与探索。在1970年出版的《从狄更斯到劳伦斯的英国小说》中，威廉斯继续探讨了这一主题。《从狄更斯到劳伦斯的英国小说》是威廉斯根据在剑桥大学教书时的讲义而形成的批评专著，综合了他对英国文学长达7年的思考。威廉斯提到，在研究小说的发展史时可以沿着两条重要的主线：一条是社会历史的变迁，另一条就是共同体的变化历程。威廉斯在该书中清晰地表明，在分析英国小说时“我要选择的中心主线是共同体——共同体的本质与意蕴”[②]。在这部作品中威廉斯提出了各种不同的“共同体”概念，如“可知共同体”“封闭共同体”和“复杂共同体”等。从某种意义上讲，《从狄更斯到劳伦斯的英国小说》就是一部探讨共同体变化的作品。

在1976年出版的《关键词》一书中，威廉斯详细梳理了“共同体”一词的历史渊源，指出该词自14世纪以来内涵的演变。尽管“共同体”这一术语所包含的内容极为繁杂，威廉斯还是将其简

---

① Raymond Williams, *Culture and Society 1780 - 1950*, Garden City: Anchor Books, 1960, p. 351.

② Raymond Williams, *The English Novels from Dickens to Lawrence*, London: The Hogarth Press, 1984, p. Ⅱ.

单地概括为两个方面："一方面，它具有直接和共同关怀的意蕴；另一方面，它又是对共同组织之不同形式的具体化，这种组织或许能、或许不能充分表达上述关怀。"[①] 尽管这种表述仍然无比模糊，但却可以看出"共同体"是一个比阶级要小得多的单位。在1985年为威尔士作家埃米·汉弗莱撰写的书评《共同体》一文中，威廉斯不满地讲述了在英国社会变革进程中威尔士文化与经济遭到压抑和边缘化的事实。威廉斯认为威尔士原本有自己的文化和历史，长期以来却被剥夺了话语权，所以他提出："更为深远的共同体存在于话语领域。"[②] 威廉斯此处的"共同体"指的是威尔士人民的共同体，具有某种意义上的民族主义色彩。在《想象的共同体》一书中，当代最重要的民族主义理论家本尼迪克特·安德森将民族视为一种想象的共同体。他在进行理论论证时，就参照了威廉斯发表在《新左派评论》上的文章，体现出对威廉斯共同体思想的吸收与借鉴。可以看出，"共同体"虽然没有明显的阶级色彩，却绝非一个完全温和的概念，它具有凝聚人心的强大社会和政治力量。

除了对共同体进行理论阐释外，威廉斯还在不同场合的论述中以具体事例表达他对共同体的理解。从乡村工人阶级子女到接受精英教育成为大学教师的经历，使威廉斯处于共同体的边界。威廉斯多次提到1963年冬在街头偶遇利维斯时的情景，当时威廉斯已回剑桥大学工作，两人虽不熟稔却互相认识。威廉斯曾听同事说起，剑桥大学的知识分子在街头相遇未必会打招呼，但威廉斯还是对利维斯点头并挥手致意。利维斯先是面无表情地走过，继而意识到威廉斯的致意又反身回应。威廉斯由此认为剑桥大学的同事之间并没有形成一个紧密的共同体，并且指出他自己异于周围知识分子的行为是因为幼年生活环境的影响。威廉斯家乡的居民遇到困难会互相

---

① Raymond Williams, *Keywords*, New York: Oxford University Press, 1976, p. 76.

② Raymond Williams, *What I Came to Say*, London: Hutchinson Radius, 1989. p. 57.

帮助，形成了一种紧密的共同体。威廉斯满怀深情地回忆道："那年我父亲即将辞世之际，有人过来给菜园松土；有人运来一车枕木作柴火；有人过来把枕木劈成块；还有人——不知道是谁，后来从没听人说起过——在后门那儿放了一袋土豆；还有一位妇女过来拿走了一篮子该洗的衣物。"[①] 在威廉斯的描述中，乡村居民之间没有华美的辞令，他们只是在别人需要的时候默默地伸出援手。他们知道该为遇到困难的人做什么，并把这种帮助视为理所当然的事情。威廉斯还多次提到第二次世界大战结束后当他的学费资助出现问题时，周边的居民们自发地对他进行帮助。威廉斯回忆说："他们马上在当地的小酒吧为我募款。没有人对募款提出质疑，因为这是一件必须要做的事情。"[②]

对乡村共同体的感怀并非威廉斯一人独有的情感，另一位新左派知识分子理查德·霍加特也描述过这样的经历。霍加特在俱乐部遇到一位矿工，这位矿工买完东西拿出两先令六便士给他，并说："拿着，小伙子，用在你的教育上。"[③] 那些主动伸出援手的人生活并不宽裕，能拿出来的钱也不多，但是霍加特同威廉斯一样对当初的温暖念念不忘，这种情感其实是一种对逝去的共同体的追怀，是英国文化中存在的集体情感。随着工业资本主义的发展，旧的生活方式土崩瓦解，生活在城市中的人们彼此之间冷漠而疏离。威廉斯在《乡村与城市》中指出，英国小说和昔日文化中存在的那种共同体，已经成为一个"完美的现代神话"[④]。

威廉斯的小说《边村》以细腻的笔调充分地展现了共同体对个

---

① Raymond Williams, *Resources of Hope*: *Culture*, *Democracy*, *Socialism*, Robin Gabel, ed., London. New York: Verso, 1989, p. 9.

② ［英］雷蒙德·威廉斯：《政治与文学》，樊柯、王卫芬译，河南大学出版社 2010 年版，第 19 页。

③ Richard Hoggart, *The Uses of Literacy*, London: Penguin Books, 1957, p. 63.

④ Raymond Williams, *The Country and the City*, New York: Oxford University Press, 1973, p. 179.

体生活的重要性。《边村》中主人公两个不同的名字喻示了他在两种不同共同体之间游移的艰难处境。“威尔”是主人公马修的乳名，因此生活在都市的大学教师马修一回到家乡格林马尔村就成了“威尔”。对自己两种身份之间的转换，马修很难适应。他虽然在城市多年却很少与人交流，未曾融入任何城市共同体，因此对城市充满了疏离感。但是由于离开家乡已久，马修在从小生活过的地方也找不到归属感，不但与故交摩根·罗瑟生疏而隔膜，甚至与自己的父母也产生了无形的心理距离，彼此像对待客人一般客气而小心。

在马修与家乡的微妙关系之中，是马修自己放弃了融入家乡人民的努力。家乡人民对马修热情而友好，但马修对家乡的邻里故交都冷漠而拒斥。即便是马修从小就熟识的摩根叔叔冒雨来车站接他时，马修也未辨别出这个曾经亲密如家人的长辈的声音。马修对邻居们接连来探访他生病的父亲也大为恼火，认为人们的攀谈冒犯了他的个人隐私，甚至荒唐地建议母亲将父亲的病况贴到门上，以省去跟到访者一一重述。马修替父亲到工作单位取回个人物品时遇到熟人，他犹豫着是不是该上前打招呼。甚至对于跟自己青梅竹马的艾拉，马修也漠不关心，很不情愿去看望她。不但在受到艾拉丈夫的邀请后借故对母亲发火，而且在到艾拉家后也始终冷漠而拘谨，无法做到像当年那样真诚而友好。虽然马修是从乡村走出来的知识分子，但他已经对自己进行了精神上的放逐。他的行为方式已经受到工业资本主义文化的影响，再也无法融入乡村共同体。父亲去世后，马修同乡村之间精神上的内在联系被切断，在回到城市时体会到了一种前所未有的亲切感。这意味着马修开始真正接受城市文化并融入城市共同体了。

无论是对共同体的理论剖析，还是在小说创作与批评中的感性陈述，威廉斯的最终目的都是要更深入地了解并改造英国社会。威廉斯对共同体充满深情的怀念和论述使他遭到了批评家的诘难，他被指责具有“对19世纪英国文化的过分关注和对共同体、生活经验和个体身份过度情绪化的关心”[①]。这种评价只看到了威廉斯对乡村共同体表现出的留恋和缅怀，却没有看到他对共同体变迁背后折射的社会动荡所进行的深入思考。纵观《文化与社会》《从狄更斯到劳伦斯的英国小说》和《乡村与城市》等不同时期的作品，不难发现威廉斯一直都在密切关注共同体的同时观察整个社会；而且在对共同体进行探索时，威廉斯也从未忘记对资本主义社会进行冷静的批判。

英国学者艾伦·奥康纳指出，“认为威廉斯作品是围绕共同体思想展开的，这是对威廉斯作品的根本误解”[②]。奥康纳此言固然是想要强调威廉斯思想的丰富性，但是共同体思想的确不断出现在威廉斯的不同作品中，并在威廉斯的整个思想体系中占有极其重要的地位，因此要说威廉斯作品是围绕共同体思想展开的并非全无道理。传记作家达伊·史密斯也为威廉斯辩护说：“但凡有价值（财产）存在的人类社会没有不是与共同体概念一致的。”[③] 依照达伊·史密斯的观点来判断，即使威廉斯的某些理论作品并没有直接论述共同体，从共同体视角对社会问题进行的思索也已贯穿始终。

威廉斯对“共同体”思想的强调在当时具有重要的社会意义。丹尼斯·L. 德沃金指出：“20世纪50年代，当威廉斯最初形成关于工人阶级共同体思想的时候，工人阶级本身已经开始破碎了。”[④] 威廉斯在小说《边村》中曾经描述过格林马尔村铁路信号工人在1926年全国大罢工中团结斗争的场面，他们齐心协力、感情深厚。

---

① Jeff Wallace, et. al. *Raymond Williams Now*: *Knowledge*, *Limits and the Future*, Houndmills: Macmillan Press Ltd, 1997, p. 11.

② Alan O'Connor, *Raymond Williams*, Lanham: Rowman&Littlefield Publishers, Inc. , 2006, Preface viii.

③ Dai Smith, *Raymond Williams*, Cardigan: Parthian, 2008, p. 1.

④ Dennis L. Dworkin, Leslie G. Roman, *Views Beyond the Border Country*: *Raymond Williams and Cultural Politics*, New York: Routledge, 1993, p. 53.

但是在小说《第二代》中，工人阶级之间已经失却凝聚力和团结意识，工人阶级代表哈罗德的内心时常被孤独无望的情绪所笼罩，对工人阶级运动心怀失望。早在 1957 年，理查德·霍加特在《识字的用途》一书中就指出，常常光顾工人俱乐部的人群大多数年龄偏大，并由此推断："我想这是否意味着俱乐部已经留不住工人阶级，他们只能吸引上一代人。"[①] 当俱乐部等凝聚工人阶级的机构已经不再具有昔日的吸引力时，作为能够将人们联系在一起的"共同体"在凝聚社会力量方面就更加必要。乡村文化无论对工人阶级还是资产阶级都是一种文化根基与源头，所以从中寻找具有当代意义的内容对于应对英国文化危机具有重要意义。事实证明，威廉斯在批判乡村"有机共同体"的基础上极力推行的"共同体"观念，直到今天仍然受到社会学家的高度重视，并成为英国文化研究者乃至全世界文化学者频繁使用的词汇。

二　共同文化

对共同体的强调与重视，使得威廉斯对"共同文化"尤为关注。《文化与社会》中提出的种种问题，最终都被威廉斯用一种方式解决，那就是共同文化的发展。

威廉斯的共同文化思想，很大程度上是在对理查德·托尼和 T. S. 艾略特的"共同文化"进行批判性反思的基础上形成的。托尼认为文化需要从人类共同生活中汲取养分，但他同时主张以当时精英知识分子公认的标准衡量文化是否优秀，因而又落入精英主义的窠臼。艾略特将共同文化视作对信念、意义、价值等的共同享有，并且认为要实现这种共有有赖于统治阶级精英阶层的努力。伊格尔顿将艾略特共同文化实现的途径总结为："占统治地位的精英

---

① Richard Hoggart, *The Uses of Literacy*, Chatto and Windus: Penguin Books, 1957, p. 122.

阶层把自己的价值蒸馏并输入社会的无意识区域，而无意识区域在不经意间、在习惯平常之中表现了这些价值，反过来维系并丰富了文化知识。"[①] 艾略特的这种"共同文化"观点虽然冠之以"共同"，但在本质上仍然是统治阶层文化，是一种典型的文化保守主义。托尼与艾略特的"共同文化"，充分体现了精英主义知识分子在面对现代文化问题时固有的内在思想矛盾。

威廉斯虽然也运用"共同文化"一词，但却赋予"共同文化"新的意义。在《文化与社会》中，威廉斯只是承认文化是极其复杂的组织形态，并没有为"共同文化"给出具体定义。1968 年在《共同文化的理想》（此文收入《希望的源泉：文化、民主、社会主义》一书）一文中，威廉斯指出："一种共同文化不是对少数人意图和信念进行的大致延伸，而是创造条件让人民作为一个整体参与到意义和价值的表述活动中来，参与到对这样和那样的意义、这样和那样的价值观的决定中来。"[②] 也就是说，"共同文化"既不是一部分人的文化，也不是人们共同享有的、意见和步调一致的文化或者一种平等的文化，而是一种人们共同参与创建的文化。威廉斯深知实现共同文化必然是无比艰辛的历程，所以他没有将"共同文化"视为一种能够在现实中稳定存在的状态，而是认为"这是一个没有确切终点的进程"，并且"在任何时候都不能认为这个进程已经实现，或者说已经得到完结。"[③] 在资本主义制度中实现"共同文化"，这一构想本身就具有浓厚的理想主义色彩，所以在《文化与社会》发表 10 年之后再度谈起"共同文化"时，威廉斯称之为

---

① ［英］特里·伊格尔顿：《历史中的政治、哲学、爱欲》，马海良译，中国社会科学出版社 1999 年版，第 138—139 页。

② Raymond Williams, *Resources of Hope: Culture, Democracy, Socialism*, Robin Gable, ed., London: Verso, 1989, p. 36.

③ Raymond Williams, *Resources of Hope: Culture, Democracy, Socialism*, Robin Gable, ed., London: Verso, 1989, p. 37.

“共同文化理想”。

威廉斯在1977年出版的《马克思主义与文学》中提出，一个社会中的文化大致可以分为“主导文化、新兴文化、残余文化”三类。新兴文化可以变成主导文化或残余文化，而残余文化又可能在一定的历史条件下被部分地复兴。这种错综交叉的文化状态表明，人们共同创建的“共同文化”应是一种包容性的多元文化共存状态。故而从某种意义上讲，威廉斯的“共同文化”理念是在调和新兴大众文化和资产阶级主导文化之间的对立冲突。研究者通常认为，威廉斯的研究对象是作为主导文化的资产阶级文化和作为新兴文化的大众文化。实际上威廉斯对作为残余文化的乡村文化也非常重视，并将乡村文化视为共同文化不可或缺的一部分。

既然“共同文化”是一种共同参与、共同构建的文化，那么每种文化都应当得到尊重。威廉斯竭力为英国乡村文化摇旗呐喊、反对人们对乡村文化的贬低或浪漫主义美化。在乡村文化中，威廉斯又尤为重视威尔士文化。他强烈谴责英国政府在威尔士强推英语、禁止威尔士学校使用威尔士语的做法。英国政府的做法不仅使威尔士语衰落，而且使威尔士习俗、传统与宗教也遭受重创。威廉斯极度反感这种文化殖民主义行为，所以他极力促进威尔士文化的重建工作。他为威尔士小说家提出提高写作水平的建议，为威尔士题材的作品撰写书评，竭尽全力维护威尔士文化。威廉斯“共同文化”观念的提出，使乡村文化在整个英国文化中的地位得到了提升。而乡村文化尤其是威尔士乡村文化的发展，又反过来为保持文化的多元性、促进不同群体共同创建共同文化提供了可能。

第三节 文化、民主和社会主义

在威廉斯看来，当英国在社会转型时期的激烈动荡中遇到种种政治、经济和文化危机时，有必要从文化、民主和社会主义的视角进行反思；在文化、民主和社会主义领域内的进步，是英国社会“希望的源泉”。文化、民主和社会主义原本是紧密相连的概念，威廉斯经常将这几个主题放在一起进行探讨。但为了更为清楚地展现威廉斯在乡村文化领域内对文化、民主与社会主义的理解，本节仍将这三个主题予以分别论述。

一　文化：重新诠释传统

尽管威廉斯之前的学者对英国文化整体状况进行了不少研究，但是威廉斯从历史语义学角度对文化的多重界定仍然具有重要意义。威廉斯深知文化的范畴已经发生了变化，所以在《漫长的革命》《关键词》和《马克思主义与文学》等多部作品中对文化的内涵进行了反复讨论。他以“文化”的历史演进过程为线索，以乡村与城市之间关系的变迁为文学和文化批评的内容，逐渐展开了对文化唯物主义的建构过程。威廉斯对“文化”的论述，也因此成为理解威廉斯思想的关键。

在《文化与社会》一书中，威廉斯对“马克思主义和文化”这一主题的探讨，已经显现出他文化唯物主义思想的雏形。威廉斯指出，虽然马克思主义自从诞生之日起就受到先进知识分子和工人阶级的欢迎，并且在世界范围内引起反响，但马克思对文化的阐释直到20世纪30年代才在英国得到广泛重视和讨论。威廉斯还发现，马克思主义理论在英国繁荣发展的表象背后，是种种对马克思主义的误读。威廉斯痛心地看到，英国读者接触到的马克思主义作品非常混杂，人们对马克思主义经典作品各取所需、随意使用，不少作品无论是写作意图还是思想本质上都令人生疑。威廉斯认为马克思的作品是真正经得起推敲的理论典范，他高度评价马克思的非凡才能：“他偶尔会以非凡的社会洞察眼光来进行文学评论，但是人们绝不会感到他是在运用某个理论。他讨论问题时的口吻不像常人那样刻板而教条，而且无论是在文学理论还是文学实践中，他都非常谨慎地控制自己，避免把在政治、经济、历史方面得到的结论以过分的热心机械地挪用到其他事情上。”[①] 在威廉斯看来，马克思“非凡”的才能与眼光和“谨慎”的理论论证使他能够避免犯下那些被人们批评的失误，倒是那些批评和试图超越马克思的作品本身站不住脚。威廉斯批评说，“从这些作品中，足以收编一套愚人群像”[②]。

为了回应人们对马克思主义经典的误读，威廉斯从“基础”与“上层建筑”这一关键问题入手进行分析，力图为英国读者拨开迷雾，使马克思主义走出被曲解和被吹毛求疵的处境。尽管无论是马克思还是恩格斯都强调过“基础”与“上层建筑”之间关系的复杂性，但是对二者关系的表述还是常常受到当时许多知识分子的批评。威廉斯引用马克思在《政治经济学批判》中关于物质与意识、经济基础与上层建筑之间关系的著名论断，并对马克思的原话进行了逐字逐句的分析，指出马克思“基础”与“上层建筑”之间的关系并非人们所批评的公式化机械决定论。马克思指出当经济基础发生改变时，上层建筑未必会直接体现出这种改变，而是“或慢或快”地发生变革；而且人类意识也具有历史性，包括了对过去的延续，并不总是对现在的反映。威廉斯由此得出结论，马克思从来没有将经济基础和上层建筑之间简单地归结为一种决定和被决定的关系。马克思的“经济基础与上层建筑”是为了方便理解和陈述进行的类比，二者之间始终是一种动态的、相互作用的关系。

威廉斯一再表明，马克思对“基础”与“上层建筑”关系的

---

① Raymond Williams, *Culture and Society 1780 - 1950*, Garden City: Anchor Books, 1960, p. 283.

② Ibid., p. 288.

类比并不存在问题。为了避免马克思继续遭到曲解与批评，威廉斯对这一观点进行了阐发。按照马克思的观点，“基础”与“上层建筑”之间是一种相互制约的互动关系，那么孤立存在的经济基础就从未存在过，因此也就无以考察其重要性。为了避免这种理论上的不便，威廉斯借用了艾略特“整体的生活方式”这一术语。即便经济因素有决定作用，它所决定的也是作为整体的生活方式，而不是某个单一的意识形式。反过来讲，决定文学发展的，也不仅仅是经济因素，而是这个整体生活方式。

把文化看作“整体的生活方式”是艾略特在《文化定义笔记》中提出的观点，威廉斯认为这实际上也是柯勒律治和卡莱尔的观点的延续。艾略特的这一提法意义重大，但是艾略特的精英思想又限制了他对这一观点做出合理的阐发。威廉斯对艾略特的保守进行了梳理与批判，并对“整体的生活方式”这一观点的内涵予以重新界定。威廉斯用作为“整体的生活方式”的文化来囊括一个社会中的经济因素和各种意识形式，以此来避免将“基础”与“上层建筑”对立起来的理解。威廉斯认为从文化维度阐释马克思“基础”与“上层建筑”这一关键理论具有重要意义，因此他在《马克思与文学》一文中提出：要在肯定马克思主义的作用时，“继续寻求它对整体性文化的解释”[①]。在《文化与社会》出版后很长一段时间内，威廉斯都在继续探讨文化的内涵和本质。

在1958年完成的短文《文化是日常的》（此文被收入《希望的源泉：文化、民主、社会主义》一书）当中，威廉斯同样提到了作为“整体的生活方式”的文化。他对这一概念进行了延伸，指出作为“整体的生活方式”的文化是包容性的。威廉斯提出，“我们用文化一词表示两方面的含义：表示一种整体的生活方式——这是

① ［英］雷蒙德·威廉斯：《马克思主义与文学》，王尔勃译，河南大学出版社2008年版，第299页。

普通含义；表示艺术和学识——这是努力发现和创造的特殊过程"[①]。运用这样一种文化观念，威廉斯将普通大众的日常生活内容与精英知识分子的知识活动置于同等的地位。威廉斯以自己在边界乡村的成长经历为例，指出那种普通劳动者的日常也是作为"整体的生活方式"的文化的重要构成性内容。

威廉斯在《漫长的革命》一书中对文化的定义尤其为后来研究者所关注。在《漫长的革命》中，威廉斯将文化分为"理想的""文献的"和"社会的"三种。第一种"理想的"文化指的是阿诺德等精英知识分子所推崇的经典高雅文化，对"理想的"文化的追求同时也是人们为追求某种绝对或普遍价值的自我完善之旅。第二种"文献的"文化存在于具体想象性作品之中，人们需要以利维斯式的文本细读才能获得这种文化。第三种"社会的"文化是威廉斯尤为推崇的。"社会的"文化指的是那些"包含在艺术和学识中而且也包含在各种制度和日常行为中的某些意义和价值"[②]。这种界定将日常生活方式纳入了文化的内涵，从而扩大了文化的涵盖范围。

《漫长的革命》中提到的包含了各种制度和日常行为的"社会的"文化，与威廉斯在《文化与社会》中提及的作为"整体的生活方式"[③] 的文化从本质上讲是一致的。将文化当作"日常生活方式"或"整体的生活方式"的做法旨在消弭所谓的高雅文化和低等文化的差异，从而使各种不同文化具有获得平等地位的可能，也为实现"共同文化"理想奠定了基础。这些观点表明，威廉斯对"文化"意涵的认识已完全不同于阿诺德、柯勒律治和利维斯等文化名家一脉相承的思想传统。威廉斯既不美化乡村文化，也不批判

---

① Raymond Williams, *Resources of Hope*: *Culture*, *Democracy*, *Socialism*, Robin Gable, ed. , London: Verso, 1989, p. 101.

② ［英］雷蒙德·威廉斯：《漫长的革命》，倪伟译，人民出版社2013年版，第50—51页。

③ Raymond Williams, *Culture and Society 1750 - 1980*, Garden City: Anchor Books, 1960, p. XIV.

工业文化，而是将所有文化视作一个文化整体内的不同组成部分。威廉斯深知不同文化之间存在的巨大张力，所以他将“共同文化”视为一种理想和目标，而非一种可以真正达成的现实状态。尽管威廉斯的做法有同资产阶级主导文化妥协之嫌，但是至少摒弃了将不同文化置于对立地位的观点，有助于乡村文化和城市大众文化摆脱被边缘化和被压抑的地位，也动摇了统治阶级精英文化的理论基础。

威廉斯将文化视为“整体的生活方式”，其理论意义显然不仅仅在于消解精英文化的统治地位。当威廉斯将文化视为“整体的生活方式”时，实际上“文化”与“社会”在内涵上已经没有多大差别。文化与整个社会中的政治、经济等因素不可分割，最终引发了威廉斯对“文化具有物质性”的判断。用威廉斯的话说，“我们唯有领悟了‘社会’和‘经济’概念意义上发生的转化，才有可能理解‘文化’概念的那些新意义”[①]。在1977年出版的《马克思主义与文学》一书中，威廉斯清晰而系统地提出了其文化唯物主义思想。但实际上，在早期作品《乡村与城市》中，威廉斯就已经在比较娴熟地运用这种思想来进行文学批评，《马克思主义与文学》不过是威廉斯先前作品中所蕴含思想的理论总结与升华。在《马克思主义与文学》导言中，威廉斯指出，“文化唯物论”已经在“头脑中形成多年了”；他还明确指出，“可以把这种观点称作文化唯物论，它是一种在历史唯物主义语境中强调文化与文学的物质生产之特殊性的理论”。[②] 威廉斯不但强调文化的物质性，而且认为就连语言也具有物质性：“语言是由物质性的肉体产生出来的‘振动着的空气层、声音’。”[③] 不少西方马克思主义学者在本质上是反唯物主

① ［英］雷蒙德·威廉斯：《马克思主义与文学》，王尔勃、周莉译，河南大学出版社2008年版，第11页。

② 同上书，第6页。

③ 同上书，第28页。

义的，威廉斯对唯物主义的坚持在西方马克思主义者当中都是比较少见的。用唯物主义术语讨论语言文化、研究一切文化系统的物质性因素，这更是威廉斯的首创。

在文化唯物主义思想的框架下，威廉斯将文化按历史发展趋势分为“主导文化、新兴文化、残余文化”三类，从本质上讲这种新的划分方式与先前的文化分类并不矛盾。威廉斯对“文化”予以反复界定和探讨，是因为他认识到这一问题的复杂性。威廉斯指出：“文化的复杂不仅体现在它那多变的过程及社会性定义——传统、习俗机构、构形等——之中，而且（就这种过程的每一阶段而言）也体现在那些业已发生或将会发生历史变化的诸因素之间的动态关系中。”[①] 在“动态关系”中理解文化，使威廉斯清楚地看到了“主导”“新兴”和“残余”三种文化之间的相互关联。威廉斯进一步指出，当新兴或残余文化处于与主导文化的对立面时，主导文化就会对它们进行“收编”。在工业资本主义日渐鼎盛的时代，资产阶级文化成为主导文化，并且对整个社会行使文化上的“霸权”与控制。随着工人阶级的形成与壮大，工人阶级文化作为一种新兴文化逐渐发展起来。工人阶级的工会、政党和工人阶级的俱乐部等都是工人阶级文化的重要载体，于是资产阶级主导文化便会以广告、杂志和商业性娱乐活动对工人阶级新兴文化进行“收编”。威廉斯看到，乡村文化的理念也主要是残余性的，在很多方面同城市资本主义主导文化处于彼此对立的状态中，并且受到了资本主义主导文化的“收编”。在这种收编过程中，乡村文化变成了一种理想与想象，从而沦为主导社会秩序当中的休闲和消遣对象。

虽然威廉斯将乡村文化界定为“残余文化”，但他从未怀疑过乡村文化的活力和重要性。他认为，“任何一种文化都包含着来自

---

① ［英］雷蒙德·威廉斯：《马克思主义与文学》，王尔勃、周莉译，河南大学出版社 2008 年版，第 129 页。

过去的合理因素”，所以“对于那些完全被看作是过去因素的‘古旧’事物，人们应该以一种审慎的特殊方式加以研究和考察，甚至应该有意不时地使之‘复活’”。[1] 在《乡村与城市》中，威廉斯做出预测，无论社会如何变迁，乡村和城市之间的联系都会越来越紧密，而且“土地上的工作只会变得更加重要、更加中心化而不是相反”[2]。十多年后，他在《乡村与城市之间》一文中指出，“当初预测的主要发展趋势似乎都已得有力的证实”[3]。乡村文化作为“残余文化”成为具有消遣和休闲功能的理想和想象、乡村文化具有合理因素并有必要不时地使之“复活”，这些观点都不同于当时盛行的文化观，是威廉斯在文化上具有开拓性的创见。

威廉斯曾在《文化与社会》一书的《马克思主义与文化》一文中表示过自己的立场。他认为马克思有自己的文化理论构想，只不过是没能充分加以完善；马克思的文学评论多是即兴而发，虽然马克思并没有将其理论化，但他思想中蕴含着后来人们运用的马克思主义文艺批评原理。威廉斯的这一立场表明，他本人对“基础”与“上层建筑”的论述，实际上没有超出马克思的框架。威廉斯对“基础”与“上层建筑”之间关系进行的文本细读，并不是为了超越或修正马克思主义，而是要把马克思主义从被歪曲和误读的状态下解救出来。他极力为经典马克思主义正本清源，站在马克思主义的立场上根据英国文化状况对马克思主义的关键观点进行阐发，在本质上是对马克思主义的本土化与大众化。

威廉斯的“文化唯物主义”，很快成为当时知识分子认识和分

---

① ［英］雷蒙德·威廉斯：《马克思主义与文学》，王尔勃、周莉译，河南大学出版社 2008 年版，第 130 页。

② Raymond Williams, *The Country and the City*, New York: Oxford University Press, 1973, p. 300.

③ ［英］雷蒙德·威廉斯：《希望的源泉：文化、民主、社会主义》，祁阿红、吴晓妹译，译林出版社 2014 年版，第 245 页。

析当时社会问题的思想武器。一些新左派思想家对马克思主义经典思想的批判和阐释，实际上是对马克思主义的折中或退避。以马克思主义历史学家爱德华· 汤普森为例，他提出的社会主义人文主义观点，主张从伦理角度对当时流行的社会主义理论的不足之处予以批判。汤普森认为应当提倡一种超越阶级利益的道德观，因为这种更高标准的道德是推动社会主义发展的关键。在汤普森看来，如果坚持社会主义人文主义的价值观，暴力反抗也并非难以避免。在《文化与社会》中，威廉斯对汤普森提出批评。汤普森指责莫里斯将经济和社会发展看作主导进程，威廉斯对汤普森的反应感到无比惊讶，因为这实在不应该是一个马克思主义者的立场。汤普森的思想实际上是在主张以新的道德观对正统社会主义理论进行重构。对当时急于寻找应对英国各种现实问题的精神资源的年青一代来说，这种具有浪漫主义色彩的构想并无裨益。这种局面造成当时“年轻一代希望从其他地方获得一些理论启发，并且特别愿意求助于雷蒙·威廉斯的著作”①。

威廉斯进而提出，要真正了解一种文化，单靠把握其普遍价值或者简单的文献式阅读是不够的，必须要体会生活在那种文化之中的感觉。所以威廉斯又提出了著名的“感觉结构”概念，“它是在我们活动中最细微也最难触摸到的部分发挥作用的。在某种意义上，这种感觉结构就是一个时代的文化：它是一般组织中所有因素带来的特殊的、活的结果”②。根据威廉斯的观点，新的一代既会对先前的感觉结构有所承继，同时又会在改造中形成新的感觉结构。文化中微妙细致的感觉结构难以被文献记载，所以文化中一些鲜活的内容就会遭到废弃，只能任由后代文化工作

---

① ［英］迈克尔·肯尼：《第一代英国新左派》，李永新、陈剑译，江苏人民出版社 2010 年版，第 89 页。

② ［英］雷蒙德·威廉斯：《漫长的革命》，倪伟译，上海人民出版社 2013 年版，第 57 页。

者重新进行诠释。这种诠释受到当代价值和利益体系的制约，会表现出选择性，因此传统也就成为被选择过的传统。

威廉斯一再表明，英国文化界对乡村的叙述确实是经过选择的。为了同城市嘈杂肮脏、贫困的混乱景象形成鲜明对比，精英主义知识分子极力展现乡村的和谐美好与安宁。但从小就在威尔士乡村成长的威廉斯深知这绝非乡村真相，于是他在《乡村与城市》中对这种选择性传统背后隐藏的利益关系进行了揭示，并通过那些未被精英知识分子重视的作品展现乡村生活中同样存在的矛盾与痛苦。至此，威廉斯通过对“三种文化”的划分、对“感觉结构”的界定和对“选择性传统”的陈述，最终将文化研究的视角聚焦到如何对待文化传统上来。

威廉斯对乡村文化传统真相的追寻，同当时他和其他左派思想家对工人阶级文化传统的梳理在目标上是一致的。工人阶级队伍的壮大和大众文化的日益兴起，引起了资产阶级知识分子的极大不安。他们打造田园式的昔日美好乡村形象，对那些反映乡绅悠闲生活的作品推崇有加。通过维护前工业时代封建经济秩序催生的所谓高雅文化，资产阶级力图达到贬抑大众文化之目的。面对这种状况，威廉斯同出身工人阶级的新左派知识分子爱德华·汤普森、理查德·霍加特一起开始在文化上进行积极抗争。同样是看待英国工业革命以来的英国社会，利维斯主义者看到的是工业发展催生的种种弊端，他们看到的却是英国工人作为一个阶级的崛起。汤普森的《工人阶级的形成》和霍加特的《识字的用途》均旨在展现工人阶级在政治、经济和文化上的发展历程，增强了广大工人群体的阶级意识和文化自信。威廉斯的成名作《文化与社会》同《工人阶级的形成》《识字的用途》一并被认为是新左派的开创性作品。威廉斯对乡村生活真相的还原，使得资产阶级以美化乡村来贬抑工人阶级文化的行为失去了现实基础。所以威廉斯的乡村文化思想，实际上为当时新左派众思想家支持工人阶级文化提供了助力。

威廉斯在关注乡村文化发展时，对威尔士乡村尤为重视。据威廉斯的生前好友、传记《雷蒙德·威廉斯：一个战斗者的故事》的作者达伊·史密斯回忆，他于1976年认识威廉斯，之后发现威廉斯越来越频繁地回到威尔士。依据威廉斯后期作品也可以看出，晚年的威廉斯不断回到家乡参加关于威尔士发展的学术会议，为以威尔士题材的作品撰写书评，并发表了不少相关演讲。他的许多威尔士题材的作品就是在这一段时间完成的，如《马克思主义、诗歌与威尔士》（1977）、《威尔士艺术》（1979）、《威尔士与英国》（1983）、《重构威尔士历史》（1980）和《工人阶级、无产阶级和社会主义者：一些威尔士小说中的问题》（1981）等。这些作品后来均被丹尼尔·威廉斯收入《谁为威尔士代言？民族、文化、身份》一书。

在《威尔士文化》一文中，威廉斯表达了对威尔士文化境遇的不满。在威廉斯看来，威尔士具有悠久的历史传统并且是英国社会主义的重要发源地，具有足以令威尔士人自豪的文化资本。然而由于英格兰统治者长期以来的打压，威尔士文化传统遭到了严重破坏。威廉斯回忆说："威尔士语不但受到工业革命和工业革命所造成的人口流动的冲击，而且还受到有意识的压制、惩罚和鄙视，后来在学校里又受到政策的蓄意打压。至今你仍然能够见到那些仔细保留下来的小木牌，上面写着'禁止威尔士语'的字样。"[①] 英格兰统治者的文化政策最终成功地将威尔士文化置于边缘状态。威廉斯痛心地看到，大部分威尔士地区工业落后，因为具有典型的乡村文化特征而被外地人视作"荒野地带"；威尔士人的形象常被塑造

---

① Raymond Williams, *Resources of Hope*: *Culture*, *Democracy*, *Socialism*, Robin Gable, ed., London: Verso, 1989, p. 101.

成愚昧落后的狡诈之徒；甚至连威尔士人自己都在为了商业利益而拿自己开涮，以被扭曲和被篡改的民族形象来吸引外地游客。威廉斯对这种现象进行了分析与批评，呼吁威尔士人民能够正视现实，正确对待威尔士文化。

威廉斯对重构威尔士文化的努力，从另一个侧面佐证了他对“共同文化”理想的坚守。更重要的是，他将文化当作一种同统治者斗争的手段。当工人的阶级意识日渐减退，政治运动的高潮逐渐退去，一个群体要想获得平等的社会地位，在文化阵地内掌握话语权就极为重要。所以他从早年质疑精英主义者以美化乡村来贬抑大众文化的做法转向为威尔士文化呼吁奔走，以书评和演讲呼吁并支持其他知识分子发声。无论是在哪一个时期，威廉斯都未同当时统治阶层的文化立场媾和，而是通过重新诠释传统站在了普通民众的一边。

二　民主：漫长而艰辛的历程

对威廉斯而言，民主与文化是两个密不可分的概念，普通劳动大众要想共同参与和构建文化，必须靠民主来保障。然而精英阶层对“大众”（mass）一词的运用，使他清楚地看到英国文化中民主氛围之淡薄。威廉斯拒绝使用“大众传播”（mass communication）一词，因为这一具有轻蔑色彩的词汇意味着对市民参与的拒绝。威廉斯对传媒业有着独到的研究，他发现在资本主义所控制的报业和电视工业中，传播是资本主义单方面对大众进行的，大众只能被动接受。所以威廉斯认为在文化传播领域根本就不存在民主，更遑论在政治和整个社会领域了。

英国政府在文化上的集权专制并不仅仅局限于传媒领域，还体现在对异己文化的多方打压上。作为一名在威尔士边村长大的知识分子，威廉斯比任何学院派学者都清楚威尔士文化曾经遭受过英国政府何等压抑。政府建立的文法学校以英语授课，打击说威尔士语的孩子，以此来摧毁威尔士文化。威廉斯沉痛地指出："根据记载，很多能够确认身份的威尔士人都是英格兰、爱尔兰和苏格兰移民的第三、四代传人。有时名字就能告诉我们祖居何处，但有时不能，因为女性失去了家族姓氏。除此之外，英国当局强推的命名制度使情况更加糟糕，它使得我们陷入现代人所能经历的最彻底的身份困惑中。"① 威尔士人民对自己本民族文化发展没有自主权的事实，令威廉斯认识到了在文化领域内争取民主的必要性和实现这一任务的艰难。

在经济领域，威尔士乡村被压制和被操纵的地位尤为明显。为了服务于英国北部的工业发展，统治者在南威尔士乡村地区修建了很多矿区和铁路。威尔士人被动承受着英国工业化所带来的种种改变，他们无权决定自己家乡的发展道路，被迫接受工业化给当地带来的后果：经济凋敝，人口减少，威尔士地位日益边缘化。威尔士怎样发展经济、怎样建设乡村，都是由英格兰政府来决定。而这个决定的过程，并没有体现出对威尔士人民的民主。威廉斯将自己的不满写进了小说《为马诺德而战》，马诺德乡村的开发计划在马诺德本土居民不知情的状况下被制订，马诺德乡村成为新型城市发展的试验品。在威廉斯的作品中，英国社会的民主实际上就是一种"多数人的暴政"。

威廉斯对民主的探讨不仅体现在《希望的源泉：文化、民主、社会主义》等理论作品中，还体现在多部小说创作中。在《边村》中，威廉斯依据父亲当年的亲身经历从侧面描述了 1926 年英国工人大罢工时的情景。小说中的铁路信号工人摩根·罗瑟是一名坚定的社会主义者，在接到工会委员会的罢工通知后，他积极召集工友

---

① Raymond Williams, *Who Speaks for Wales? Nation, Culture, Identity*, Daniel Williams, ed., Cardiff: University of Wales Press, 2003, p. 18.

商讨罢工细节。虽然罢工最终因为工会委员会的退缩而告失败，但是民主与社会主义结合而产生的团结力量已经得到了显示。相对于对社会主义民主的赞成，威廉斯对资本主义民主表现出极大的不信任。在《为马诺德而战》中，马诺德乡村的未来被掌握在大资产阶级手中，当地普通居民对马诺德的开发计划既一无所知，也没有话语权。威廉斯借小说中的激进知识分子彼得·欧文之口表达了自己的不满："没有人相信这种制度，掌控它的仅仅是那几百万个人。"[①] 在威廉斯看来，资产阶级政府是少数人控制和管理的政府，这正是马诺德开发过程中没有实现民主的原因。同许多资产阶级知识分子不同，威廉斯不但未将资本主义制度视作民主之源，反而将其当作实现民主的障碍。

对乡村的观察使威廉斯认识到资产阶级民主之虚伪，他继而对英国民主制度的本质进行了持续的研究。威廉斯认识到，英国所谓的民主在表面上代表了普遍的社会利益，但实际上"它们最终是排外的，不可能将自己覆盖到全社会"[②]。威廉斯在不同的文本中分析了英国民主之局限性的根源：从历史角度来看，英国的宪法一开始就具有资产阶级对封建贵族的妥协色彩，并不足以令英国人民在内心深处摆脱对某种法制的习惯性忠诚，所以在英国"民主从来就没有树立起一种真正深入人心的、截然不同的社会形象"[③]。从现代社会环境来看，"尽管代议制民主理论有其长处与局限，但在实践中却正在被有组织的现代资本主义压力所超越，从而把决策权让渡给许多非选举产生的团体"[④]。换句话说，代议制民主即使存在一定的

---

① Raymond Williams, *The Fight for Manod*, London: The Hogarth Press, 1988, p. 69.

② ［英］雷蒙德·威廉斯：《工人阶级文化》，载张亮、熊婴编《伦理、文化与社会主义：英国新左派早期思想读本》，江苏人民出版社 2013 年版，第 341 页。

③ ［英］雷蒙德·威廉斯：《漫长的革命》，倪伟译，上海人民出版社 2013 年版，第 114 页。

④ Raymond Williams, *Resources of Hope*: *Culture*, *Democracy*, *Socialism*, Robin Gable, ed., London: Verso, 1989, p. 63.

优越性，但由于资本主义的操纵，这种优越性也并没有得到充分发挥。

认识到英国民主的本质与局限之后，威廉斯对资产阶级民主的虚伪性进行了揭露。他对英国“议会民主”和“代议制民主”都有深入的思考和基于历史与政治背景的分析。威廉斯认为英国资产阶级积极鼓吹的民主实际上纯属谎言，因为几乎所有的英国现代政府在当选时获得的选票都不过半数，因此根本代表不了大多数人的意志。更重要的是，国家主要经济资源的控制权都由国内外大资本主义集团所掌握，政府只是表面上的决策者。威廉斯将民主的解决途径归结为社会主义，他提出“共享的社会主义是唯一有可能的、有希望的方向”[①]。批评家约翰·布伦克曼因此认为威廉斯的一大贡献就是“将社会主义和民主联结了起来”[②]。

对英国民主的清醒认识，使威廉斯的作品具有深刻的批判力量。当时极负盛名的学者利维斯坚持认为，文学与艺术的鉴赏与传承依赖于极少数人，传统最精妙的部分多存在于语言和文学中。这种观点使得利维斯主义者对精英文化之外的文化心怀抵触，威廉斯从这种文化观点中看到了一股反民主的力量，最终走向了对利维斯的批评。威廉斯说：“文化的训练，从本质上应当是提高民主修养的训练，应当是形成直接判断力的训练。”[③] 而利维斯主张的文化训练，不但不能增强人们争取民主的能力，还会成为民主的障碍。因此，虽然威廉斯深受利维斯影响，但利维斯将保存少数派文化视为使命的做法还是令他走向全然不同的批判立场。

---

① Raymond Williams, *Resources of Hope*: *Culture*, *Democracy*, *Socialism*, Robin Gable, ed., London: Verso, 1989, p. 287.

② John Brenkman, "Raymond Williams and Marxism", in *Cultural Materialism on Raymond Williams*, Christopher Prendergast, ed., 1995, Minneapolis: University of Minnesota Press, p. 239.

③ Raymond Williams, *Culture and Society 1780 – 1950*, Garden City: Anchor Books, 1960, p. 281.

威廉斯提出的许多关于未来的设想，都需要民主来保证。在《文化与社会》中，他提出了建立“共同文化”的构想。对这个充满理想主义色彩的构想，威廉斯深知实现起来何等艰难，所以提出：“唯有在物质共同体之中，并且通过充分的民主过程，这个问题才能得到解决。”[①] 同样，威廉斯认为教育平等权的获得也有赖于民主的实施，所以指出：“社会主义的民主既需要教育，也有助于教育。”[②] 由于威廉斯认为民主的实现需要普通大众的参与和创建，他的民主思想受到英国学者约翰·斯托里的批评，“他的民主冲动使他陷入一种民粹主义思想中”[③]。这种批评固然有一定道理，但是考虑到威廉斯在争取民主过程中为改善广大群众境遇所做的种种努力，对威廉斯的民主思想就不应该急于批判或苛责。

20 世纪 60—70 年代是社会主义在西方遭遇低潮的时期，此时威廉斯对社会主义民主的坚持便越发难能可贵。1968 年发生在布拉格和巴黎的革命运动，一度使得西方马克思主义者对社会主义重获信心。但是随着撒切尔夫人和里根总统的上台，社会主义思潮再度陷入低迷。西方马克思主义者不断探索社会主义在新的社会状态下的出路，但是他们的观点不但不足以成为可供苏联、东欧和中国利用的理论资源，就连在西方国家内部的社会主义阵地都无力坚守。当时将社会主义置于民主的对立面、将资本主义视为民主之源的思想甚嚣尘上。但是，无论面临的形势多么艰难，威廉斯从未动摇对社会主义民主的信心。

---

① Raymond Williams, *Culture and Society 1780 - 1950*, Garden City: Anchor Books, 1960, p. 352.

② Denniis L. Dworkin, Leslie G. Roman, ed. , *Views Beyond the Border Country: Raymond Williams and Cultural Politics*, New York and Lonon: Routledge, 1993, p. 146.

③ John Storey, "All Forms of Signification", in *About Raymond Williams*, London and New York: Routledge, 2010, p. 39.

三 社会主义：希望的源泉

（一）威廉斯社会主义信念的形成

在回望20世纪英国马克思主义的发展时，人们常将1917年和1968年当作标志性的历史时刻。但是对威廉斯来说最具意义的时间节点却是1926年。1926年的煤炭工人罢工声势浩大，后来在全国公路委员会和铁路工人联盟的组织下，铁路工人也加入罢工阵营以示声援。罢工开始时威廉斯只有五岁，对这场罢工给父亲造成的思想冲击和家庭经济压力已经有模糊的印象。虽然罢工由于领导者的妥协而以失败告终，但是人们却认识到团结起来的工人阶级所具有的巨大力量。在罢工结束后的漫长岁月中，威廉斯的父亲不断回忆并描述这场罢工的始末。因为深知这场罢工对当时的社会主义者以及整个社会的重要性，威廉斯在成年之后也开始不断反思罢工失败的原因。1976年在纪念罢工五十周年的演讲《1926年的意义》中，威廉斯详细分析了这场罢工的背景和意义。可以看出，威廉斯对社会主义运动的关注从童年时代开始，一直贯穿了他整个学术生涯。

1926年的罢工不但成为深植于罢工工人脑海的记忆，也成为威廉斯文化理论的重要思想资源和小说中不断出现的主题。在威廉斯的威尔士乡村小说中，总是有社会主义者同资产阶级斗争的身影。在出版于1960年的小说《边村》中，威廉斯以威尔士乡村信号工人罢工的详细经历再现了这场罢工的始末。小说中的摩根·罗瑟是一名坚定的社会主义者，满怀热情地组织罢工，运送物资支援煤矿工人。罢工失败后，摩根·罗瑟心情极度低落，威廉斯对罗瑟信仰危机的描述展现了工人阶级在社会主义运动进入低潮后的思想历程。在小说《忠诚》《第二代》中，社会主义者进行集会和示威游行的情节一再出现。威廉斯将示威和罢工当作工人阶级斗争的重要手段，甚至于1968年写下《我为什么参加示威》一文，以表明对资本主义体制的不信任和对社会主义运动坚定不移的支持。

除了早年工人阶级运动的影响外，剑桥大学浓厚的社会主义氛围也对威廉斯影响巨大。威廉斯在剑桥大学读书的时候，正是当时左派学生最为活跃的时期。英国学者斯蒂芬·伍德汉姆斯指出："1938 年，每四千名剑桥大学在校生中大概就有一千名属于社会主义社团。"[①] 威廉斯是 1939 年进入剑桥大学的，同年进入剑桥大学的还有后来成为马克思主义历史学家的爱德华·汤普森。那段时间剑桥大学还云集了如多罗西·汤普森和艾瑞克·霍布斯鲍姆等心怀马克思主义理想的知识分子。在这种氛围影响下，威廉斯能够接受社会主义思想也就不足为奇了。

威廉斯能够成为一名坚定的马克思主义者，还应归因于他从青少年时期就开始接触的马克思主义理论。据威廉斯在《政治与文学》一书中回忆，他在剑桥大学读书期间，产生了共产主义理想并成为一名共产党员。他加入了社会主义俱乐部，得以读到《资本论》和《苏共党史》、列宁的《国家与革命》等重要作品。威廉斯当时接触的马克思主义理论，主要是列宁、斯大林思想。通过这些作品，威廉斯对社会主义有了初步了解，并产生了浓厚的兴趣。"二战"后，服兵役归来的威廉斯开始从事成人教育事业，后来又进入剑桥大学教书。这段时间中，威廉斯才开始从真正意义上阅读马克思、恩格斯经典。对马克思主义日益深入的理解和对英国社会变迁的持续思考，使得威廉斯对马克思主义的认识进一步深入，并对马克思主义形成了自己独到的见解。在 1973 年出版的《乡村与城市》与 1977 年出版的《马克思主义与文学》中，威廉斯的思想已经走向成熟。随着欧陆马克思主义研究成果的逐渐传入，威廉斯了解到葛兰西、卢卡奇、阿尔都塞等西方马克思主义学者的文化观

---

① Stephen Woodhams, *History in the Making*, London: Merlin Press, 2001, p. 39.

点。对马克思主义的深入理解和对各种不同观点的批判吸收，使威廉斯形成了宽广的学术视野，从而“能够去开发那些被忽视了的社会批判资源，构建出了一种强有力的、被证明能够抵御政治气候风云变幻的社会主义信仰”[①]。

（二）威廉斯对社会主义信念的坚守

1945年工党执政后的政策令无产阶级无比失望，之后十年间英国左派运动陷入低潮。1956年，赫鲁晓夫在苏共二十大报告中对斯大林进行了严厉而非辩证的批判，从而暴露出东欧社会主义国家存在的诸多问题。同年，苏联出兵武力侵占匈牙利，使得西方共产党员面临更加深刻的政治与伦理危机。另外，“二战”后资本主义国家在教育、工资待遇和社会福利方面做出了很多改善，很多人因此对资本主义重拾信心。一些知识分子由此认为工人阶级与资产阶级的矛盾并非不可调和，甚至认为马克思主义关于阶级斗争和社会主义理想的观点都已经过时了。面对人们对社会主义的怀疑，威廉斯始终未动摇自己的信念。爱德华·汤普森因此对威廉斯高度评价：“雷蒙·威廉斯是这个国家在那个十年间，在某种程度上未被击垮的少数知识分子之一；而且他在冷战的意识形态两极的诱惑下保持了独立。”[②]

虽然威廉斯本人的政治立场并未动摇，但他对当时社会主义者的精神危机表现出极大的谅解。除在理论作品中对当时的社会状态进行理性分析外，威廉斯还在小说中刻画社会主义者所经历的内心挣扎。《边村》中坚定的社会主义者摩根·罗瑟在罢工运动受到挫折后，对工人运动不再抱有希望，很快成为一名善于经营与投机的农产品经销商。在《忠诚》中，20世纪30年代如火如荼的社会主

① 张亮编：《英国新左派思想家》，江苏人民出版社2010年版，第55页。

② ［英］爱德华·汤普森：《漫长的革命》，载张亮、熊婴编《伦理、文化与社会主义：英国新左派早期思想读本》，江苏人民出版社2013年版，第374页。

义运动在“二战”前后转入低潮，社会主义者内心经历了极度的迷茫与痛苦。曾经远赴西班牙战场支持社会主义革命的年轻人伯特，日复一日地忍受着脸部重伤带来的精神与肉体双重折磨，昔日对社会主义的憧憬变成了满腹牢骚。威廉斯以不同的人物形象，生动地再现了当时社会主义者所经历的内心失落与动荡。

对于工人阶级斗争应该向何处去、社会主义应该经由怎样的道路实现，威廉斯也同当时许多左派思想家一样在困惑中不断思考与探索。在1981年发表的《另一种政治》（收入《希望的源泉：文化、民主、社会主义》一书）中，威廉斯就批评工党政府不履行竞选前的承诺，他们制定的政策旨在维护资产阶级利益而非普通劳动者福祉。由于工党政府与其他政党在执政理念上无甚本质差别，原本承载着社会主义厚望的工党丧失了工人阶级的支持，英国社会主义的实现也越发遥不可及。威廉斯对工党的政策显然是不满的，在1985年《咬文嚼字：煤矿工人大罢工的几个关键词》一文中，明确提出“社会主义政策一开始就建立在不同于资本主义政策的基础上，不能满足于对资本主义政策的修补”[①]。由于威廉斯“文化唯物主义”和“共同文化”等观念没有明显的阶级斗争痕迹，所以常常被指有调和矛盾的改良主义倾向。但威廉斯对实现社会主义这一问题上的激进态度表明，威廉斯并不是一个改良主义者，而是一名坚定的社会主义者。

威廉斯将共同文化的实现、教育平等权的获得、民主权利的实施，最终都寄希望于社会主义。在《迈向2000年》中，威廉斯将国家与地区之间的平等关系也寄希望于社会主义。威廉斯指出：东方与西方、南方与北方之间的关系实际上具有浓厚的意识形态色彩；西方对东方、北方对南方的贸易，是打着全球化的幌子进行的

① Raymond Williams, *Resources of Hope*: *Culture*, *Democracy*, *Socialism*, Robin Gable, ed., London: Verso, 1989, p. 126.

资源掠夺与不平等贸易。威廉斯认为要改变这一切并非易事，最终只能靠社会主义，因为“这也是对老牌资本主义社会来说唯一令人满意的未来”[①]。

威廉斯对社会主义信念的坚持，很大程度上源于他对资本主义社会政治制度的透彻分析与了解。出身威尔士边界乡村工人阶级家庭的威廉斯，亲眼看到了英国政府对威尔士乡村的独断专制，深知资本主义民主之虚伪。成年后借助马克思主义这一理论武器，威廉斯更是洞察了英国政党政治在应对社会问题时的无能为力与互相拆台。他在《文化与社会》一书中曾层层剖析，指出自 18 世纪以来英国资产阶级对工业发展和新兴科技的抵触心理。在《乡村与城市》中，威廉斯显然已经认识到资产阶级与乡村土地贵族的媾和以及在思想上的倒退。这样一个充满了妥协与保守思想的阶级，必定没有足够的力量和坚定的信念来凝聚全国人民，应对社会发展中出现的新问题与新挑战。另外，在《乡村与城市》和《从狄更斯到劳伦斯的英国小说》中，威廉斯指出了英国将其他国家和地区当作自己的“乡村”而进行的资源劫掠；在《希望的源泉：文化、民主、社会主义》和《谁为威尔士代言？民族、文化、身份》中，威廉斯展现了英国政府对诸如威尔士南部乡村等工业欠发达地区的经济压榨和文化遏制。这样一个倚强凌弱的制度必定不是理想的社会制度。所以作为一名极具社会洞察力的马克思主义文化理论家，威廉斯把希望寄托在社会主义道路上。

从威廉斯的作品中可以看出，威廉斯还深入阅读过毛泽东的理论著作，并且受到重要影响。1956 年前后，当英国共产党员面临政治与伦理危机时，无论是在具体决策还是在理论发展层面，英国共产党都没有做出令当时进步知识分子满意的回应。因此第一代新左

① Raymond Williams, *Towards 2000*, London: the Hogarth Press, 1983, p. 216.

派思想家面临的一个重要挑战，就是为英国社会主义者寻找理论支撑。毛泽东思想将马克思主义理论同中国具体实践相结合，指导中国革命和建设取得了巨大成就。威廉斯因此深入阅读毛泽东著作，并在《马克思主义与文学》中援引《毛泽东选集》中的语句支持自己的观点。毛泽东等中国革命领导人对马克思主义理论创造性运用所取得的重要成就，无疑使威廉斯增添了对社会主义未来的信心。

在思想成熟后，威廉斯反复表明自己对社会主义的坚定信念："资本主义已经开始失去其进步特征，为了进一步提高生产效率，为了更有效地控制自然，资本主义必须被社会主义所取代。"[①] 虽然当时苏联和中国的社会主义状态并不完全符合威廉斯对社会主义的构想，但是威廉斯认为不能因为现有社会主义制度的不完满就否定社会主义，毕竟社会主义可以有不同的表现形式。对社会主义，威廉斯心存希冀；但是对资本主义，威廉斯却看到了其无法克服的内在矛盾。威廉斯从青年时代就开始阅读马克思主义理论作品，深厚的理论素养加上长期以来对英国社会的观察，使得威廉斯对于资本主义体系中的内在逻辑矛盾有着深刻的理解。威廉斯将英国政府称作"特别差劲的政府"，并认为资本主义秩序处于"深层危机"之中，而解决这种矛盾的出路，只能是靠实现社会主义这一"漫长的革命"。[②]

小　结

在研究"二战"后英国马克思主义时，美国学者丹尼斯·德沃

① Raymond Williams, *The Country and the City*, New York: Oxford University Press, 1973, p. 37.

② Raymond Williams, *Resources of Hope: Culture, Democracy, Socialism*, Robin Gable, ed., London: Verso, 1989, pp. 149 - 150.

金得出结论说："经典思想家们主要关注社会的历史、政治和经济维度，而西方马克思主义后继者们则关注哲学、文化和美学维度。"① 德沃金总结的这一规律显然并不适用于威廉斯，因为威廉斯所关注的对象并未局限于"哲学、文化和美学维度"。威廉斯对乡村教育"阶梯观"和"共同教育"的理想、对构建共同体和共同文化的渴望都足以表明，威廉斯早已超出一般西方马克思主义者的思维框架。

威廉斯在论及教育时，从未将其仅仅视为改变个体命运的手段，而是把它当作各方社会力量较量的结果。对此，H. 斯卫·夏皮罗评论说："威廉斯极力表明，有必要把教育的进程视作不同阶级、利益群体和意识形态间斗争的具体化。"② 威廉斯为乡村居民和城市工人阶级后代争取平等的教育机会，实际上也是在为劳动大众争取文化和社会地位。对"共同教育"理想的提出表明，威廉斯由乡村问题出发对未来社会的思考，已经涉及政治、民主、文化、教育等不同领域。

当发现乡村面临重重危机的时候，威廉斯没有像保守主义者那样通过缅怀昔日美好乡村来批判现实。他提出的共同教育、共同体和共同文化思想，都有助于乡村应对发展过程中的种种文化危机。威廉斯深知，在资本主义体系之内，资产阶级必然会想方设法在经济、政治、文化等不同领域内对普通劳动者进行操控和压制，因此实现"共同教育"、形成"共同体"和"共同文化"必定是无比漫长而艰辛的历程。所以威廉斯最终以"文化、民主、社会主义"来解决棘手的社会问题。威廉斯为乡村发展开出的良方，包含了文化进步、民主、教育公平等极具现代色彩的内容，在客观上有助于促

---

① ［美］丹尼斯·德沃金：《文化马克思主义在战后英国》，李凤丹译，人民出版社2008年版，第188页。

② H. Svi Shapiro, "Society and Education in the Work of Raymond Williams: Aspects of the Theory of the Long Revolution", *Journal of Thought*, Vol. 17, No. 4 (Winter 1982), pp. 39–55.

进英国现代化进程。所以威廉斯的乡村文化思想，包含着以乡村问题入手架起英国传统和现代性之间桥梁的契机。约翰·埃尔德里奇与莉齐·埃尔德里奇将对威廉斯的研究专著命名为：《雷蒙德·威廉斯：创造联系》，单凭威廉斯在乡村文化理论上的贡献，他就无愧于“创造联系”这一评价。

第四章

超越乡村文化

威廉斯毕生都未停止过对乡村问题和乡村文化的思考，但是他并没有将视野局限于威尔士或英国乡村，而是投向了整个英国社会。他将英国乡村置于整个英国社会甚至国际社会语境中予以考察，在研究乡村问题时也常以城市作为参照。正因如此，威廉斯对乡村的思考，对整个英国社会都具有重要意义。从乡村发展中得到的经验和启示，也最终成为威廉斯应对整个英国文化危机的重要依据。

第一节　抵制反工业主义

早在19世纪中期，英国就达到了工业资本主义的鼎盛时期。然而从此英国在世界资本主义国家中的经济地位却一路下滑，先是被美国超越，继而又被日本和德国甩在了身后。当代学者从不同领域出发，试图寻找英国工业经济走向衰落的原因。由于导致英国工业衰落的原因错综复杂，他们的研究涉及政治、社会和历史等各个层面。美国当代学者马丁·威纳认为，英国工业的衰落从经济上难以得到令人信服的解释，英国文化中浓厚的反工业主义思想才是最根本的原因。威纳指出："昔日与乡村（据认为是不可分离的两者）被罩上了不可抗拒的光环。这些规范与形象扶持了一种非常迷人的生活方式，这种生活方式适合维持现状而不适合革新，适合舒服安逸而不适合奋斗争取，适合文明的享受而不适合创造财富。”①威纳所批评的对昔日英格兰乡村生活方式的崇尚，正是威廉斯一直反对的当时英国精英主义知识分子的思想倾向。

一　反工业主义文化传统

作为一个具有悠久农业文明史的古老国家，英国面临着一个极其棘手的问题。那就是对乡村生活和乡村自然风光的歌颂与依恋，已经成为文化中极其重要的组成部分。因此，虽然19世纪工业文明的发展和20世纪商业的繁荣给英国社会生活带来了巨大变化，但是在英国文化中，对工业和商业的抵触心理却始终存在，工业通常被视为乡村美景和宁静生活的破坏者。在早期成名作《文化与社会》中，威廉斯所评析的英国思想家埃德蒙·伯克、威廉·科贝特、柯勒律治以及卡莱尔等人对工业主义均持批判态度，甚至连政客迪士累利也不断在作品中抨击工业主义发展过程中充斥的罪恶。威廉斯在评价科贝特时指出了这种反工业主义情结背后的社会心理：“这种眷恋是一种本能，它其实源于对迥然而异的新兴工业主义社会理想的畏缩。”②

英国工业经济衰落的原因错综复杂，有人将其归咎于资产阶级向封建土地贵族妥协时失却的斗争锋芒与进取决心，也有人认为应归因于19世纪下半叶第二次技术革命时技术与设备陈旧之累。威纳认为造成英国工业地位相对下降的真正原因在文化领域，这种论断难免有偏颇夸大之嫌，但是他关于英国传统文化对工业发展之弊的分析却不无道理。中国学者赵国新认为，威纳的思想实际上无甚

---

① ［美］马丁·威纳：《英国文化与工业精神的衰落：1850—1980》，王章辉、吴必康译，北京大学出版社2013年版，第217—218页。

② Raymond Williams, *Culture and Society 1780 - 1950*, Garden City: Anchor Books, 1958, p. 21.

创见，不过是将佩里·安德森和雷蒙德·威廉斯思想中隐而未彰的思想清晰表述出来而已。赵国新指出："最早系统论述英国近代思想中潜藏的反工业主义暗流的，并非威纳的这本书，而是英国新左派之父雷蒙德·威廉斯。"[①]

赵国新的判断不无道理，在《文化与社会》中，威廉斯的确通过分析科贝特、卡莱尔、阿诺德、罗斯金、莫里斯、劳伦斯和艾略特等文化名家的思想，理出一条英国反工业主义思想的传承脉络。在《乡村与城市》中，威廉斯更是明确指出："在英国知识分子中，有一种清晰可辨、虽不稳定却绵延不断的乡村激进主义：真心而主动地敌视工业主义和资本主义；反对商业主义和开发环境；依恋乡村生活方式和情感，崇尚文学和传统。"[②] 尽管威廉斯并未清晰指出这种文化倾向对工业发展的抑制作用，但他却启发了后来文化研究者对英国反工业主义文化的研究。

实际上早在威廉斯之前，已经有不少英国有识之士认识到英国保守文化对英国工业发展所造成的潜在危机。在马丁·威纳看来，英国人文知识分子对昔日乡村的留恋实际上反映了"民族活力、适应能力或意志力的失败"，而在指出这一点的知识分子中，"最有口才和最早的一位是 C. P. 斯诺"。[③] 1959 年斯诺在剑桥大学里德学院进行了题为"两种文化和科学革命"的演讲，在演讲中斯诺对英国"文学知识分子"轻视科学和工业的做法予以批评，同时指出重视科学和工业对国家经济发展的重要性。斯诺援引当时中国由于全民重视而获得工业飞速进步的事实证明自己的观点，他指出"中国是在非常薄弱的工业基础上起步的，但是未经中断，似乎其工业化

---

① 赵国新：《英国工业资本主义衰落的文化起因说》，《外国文学》2014 年第 2 期。

② Raymond Williams, *The Country and the City*, New York: Oxford University Press, 1973, p. 36.

③ ［美］马丁·威纳：《英国文化与工业精神的衰落：1850—1980》，王章辉、吴必康译，北京大学出版社 2013 年版，第 221 页。

只花了苏联一半多的时间”[①]。斯诺的演讲引起了文化界的激烈争论。

支持“科学文化”的斯诺等学者和支持“人文文化”的利维斯主义者进行了反复争辩，这种论战本质上是现代工业精神与英国乡村传统的较量。但是从斯诺与利维斯之间的论战文章看，双方各执一词，均未能说服对方。同利维斯一样具有丰厚文学素养的威廉斯，通过在文学作品中细致透彻地分析指出英国文化中昔日美好乡村形象的虚幻，对利维斯等人文知识分子所拥护的乡村田园文化传统进行了彻底解构。所以，虽然威廉斯并非对英国乡村土地贵族文化传统进行批驳的第一人，却是在英国文化史上起到重要转折作用的文化大家。从此之后，人们对英国乡村绅士价值观才逐渐有了冷静而客观的认识，后来马丁·威纳式的理性反思才成为可能。

威纳并不否认自己同威廉斯思想的契合之处。在《英国文化与工业精神的衰落：1850—1980》一书的前言中，威纳清晰地表明威廉斯从文化着手分析社会现实的研究方式给他带来的启发。除了在论述过程中不断引用威廉斯在《乡村与城市》等作品中的观点外，威纳不断提及“共同的社会”“共同的教育”和“共同的观念”等术语，与威廉斯“共同文化”理论显然有异曲同工之处。另外，威纳对穆勒、阿诺德、罗斯金、卡莱尔、莫里斯、哈代、狄更斯等文学名家思想的借用，也极易令人联想到威廉斯在《文化与社会》中对这些名家思想发展脉络的分析。《英国文化与工业精神的衰落：1850—1980》与《文化与社会》《乡村与城市》中包含的阅读书目很多是重合的，这足以表明威廉斯对乡村文化的思考直至今日仍然对文化研究者具有重要影响。

实际上，要想从威廉斯的著述中看清英国反工业主义思想的发

---

① C. P. Snow, *The Two Cultures and the Scientific Revolution*, New York: Cambridge University Press, 1959, p. 21.

展脉络，《乡村与城市》是比《文化与社会》更为合适的作品。如果说《文化与社会》只是在文化层面上对反工业主义思想有所触及，那么《乡村与城市》则从更为久远和宽广的社会历史领域探索了这种思想的形成脉络。威廉斯按时间顺序进行历史回溯，分析了大量英国乡村诗歌与小说。这些文学作品有一个共同之处就是将乡村描述为悠闲快乐之所，避而不谈经济利益。这些文学作品的田园特征实际上是社会意识形态作用的结果，从侧面体现了英国新兴工业资产阶级对土地贵族生活方式的向往。威廉斯在评价狄更斯小说《艰难时世》时指出，“很大一部分维多利亚时代的读者（也许20世纪也有为数不少的知识分子）对庞得贝心生反感，是因为对商业有一种比较古老的、与当今社会不同的感觉：即商业是粗俗的”①。其实不单是维多利亚时代，即使在威廉斯生活的时代，英国精英阶层也在不断重复和强调的一个核心观念：乡村是道德而美好的、城市是邪恶而丑陋的。英国中上层阶级站在道德的制高点，对工商业为盈利而进行的竞争、效率、技术提高不屑一顾，并对古老安稳、悠闲保守的乡村文化无比尊崇。

二 威廉斯的梳理与反思

对物质利益的不屑一顾、对古老生活方式与做派的扬扬自得，成为潜藏在英国文化中的特质。英国精英教育体制长期以来重视人文科学甚于理工科，许多中上层子弟更愿意从事体面的文职而不是做技术人员。这种文化现象，并不符合英国当时作为世界工场的地位。美国学者弗雷德里克·詹姆逊认为对前工业时代生活方式的迷恋，必然会成为社会发展的阻力。詹姆逊指出，“在现代时期，固

---

① Raymond Williams, *Culture and Society 1780 - 1950*, Garden City: Anchor Books, 1958, pp. 100 - 101.

执的前现代生活的现实仍然存在，妨碍着商品化的进程”[①]。后来英国工业的确逐渐走向衰落，而金融业则获得了长足发展。金融业之所以能够凝聚精英，很大程度上就是因为金融从业者的生活方式与工业生活方式并无太多关联；不同于工业资本家和技术人员，金融从业者能够在生活方式上最大限度地与绅士形象保持一致，从而获得良好的社会声望。

正是在这个意义上，威廉斯的《乡村与城市》比《文化与社会》更值得人们重视。在《乡村与城市》中，威廉斯理出了英国文化中田园情结的发展脉络，但并没有分析这种情结的形成原因。在历史上，英国资本主义社会体制的确立，是新兴工业资产阶级和土地贵族相妥协的结果。资产阶级革命的不彻底，使得英国资产阶级在文化上并没有形成凌驾于旧土地贵族的优势。相反，许多通过工业生产或海外投机与掠夺而完成财富积累的新贵，还喜欢模仿乡村贵族的生活方式，他们在乡间购买府邸，闲暇时在乡间狩猎或举行聚会。新兴资产阶级在文化上的妥协，使得英国文化中对乡村文化和传统生活方式的眷恋与美化从未中断，旧的乡村田园文化对新的资本主义发展的负面作用也未得到彻底批判与清算。威廉斯《乡村与城市》的意义在于，它将英国文化中存在的反工业主义特征无比清晰地展现出来，为英国人民反思自己的文化提供了独到的视角。

在厘清英国反工业主义思想传统的同时，威廉斯一再表示，将社会问题悉数归咎于工业发展有违历史真相。在《乡村与城市》中，威廉斯多次指出，乡村居民并非在工业革命之后才开始困顿潦倒，他们在工业革命之前的生活也无比艰辛。在《文化与社会》中，威廉斯则直接表明：“倘若将我们的社会困境视为工业革命之

① ［美］弗雷德里克·詹姆逊：《时间的种子》，王逢振译，江苏教育出版社 2006 年版，第 24 页。

产物，便无法真正理解这种困境。”[①] 在威廉斯眼里，资本主义社会的矛盾在工业革命之前便已存在，工业革命不过是将种种问题与危机集中地体现出来而已。精英知识分子批判工业化，但是却“从来不把资本主义当作敌人”[②]。认识到了这一点，威廉斯不再像精英主义者那样简单地批判工业化，而是将批判的矛头指向了资本主义社会，分析更为深层的社会政治和经济内在机理。

由于威廉斯对工业并无敌意，所以威廉斯在作品中将城市与乡村放到同等地位上予以尽量客观的描述。英国反工业主义的一个重要表现是文学中的反城市倾向。19 世纪将机器视为罪恶之源并予以毁坏的勒德派，在威廉斯生活的时代仍然能找到不少支持者。勒德派分子抵触工商业发展，缅怀古老快乐的乡村社会，对现代城市生活心怀反感。威廉·科贝特将伦敦视为“肿瘤”的比喻在英国文化中深入人心，在许多文学作品中，城市就是丑陋、拥挤、嘈杂和肮脏的代名词。狄更斯那些刻画城市触目惊心的场景的作品，不过是当时众多此类作品的典型代表。但是威廉斯的小说从未展现城市丑陋可憎的一面，即使在主要情节均在城市中展开的《志愿者》中，威廉斯关注的重心也只是事件的发展，极少对城市的批判性进行描述。对于乡村，威廉斯虽然也曾有意无意地进行过理想化处理，但总体而言还是坚持了现实主义创作手法，尽量展示乡村真实面貌。

与精英主义知识分子不同，威廉斯对工业与城市发展欣然接受。《乡村与城市》的出版，很大程度上就是为了回应利维斯等精英主义知识分子对工业和工业文化的敌意。利维斯主义者陶醉于昔日乡村的美好安宁，威廉斯却为城市雄伟富丽的建筑物所折服。威

---

① Raymond Williams, *Culture and Society 1780 – 1950*, Garden City: Anchor Books, 1958, p. 200.

② Fred Inglis, *Raymond Williams*, London and New York: Routledge, 1995, p. 135.

廉斯详细描述了自己面对城市时的愉悦心情："……而且我知道我屡次感受到了这种冲动：文明造就的巍峨大厦、会场、图书馆、剧院、高塔与圆顶；还有比这些更激动人心的是房屋、街道，还有那些各怀打算的人们你拥我挤、群情振奋的样子。"[①] 对威廉斯而言，城市景观和乡村风光给他带来的是同样的感觉。

晚年的威廉斯对工业技术发展所带来的威胁也开始有了警惕之心。在1983年出版的《迈向2000年》中，威廉斯专门论述了工业大国发展原子武器所带来的威胁。威廉斯发现，"原子弹提供给他们愈来愈强大的毁灭力量，使得破坏更彻底、更可怕，并且辐射造成的基因变化会使影响更加久远"[②]。威廉斯清楚地看到了高端工业技术带来的巨大危害。不过威廉斯继而指出，这种现象所折射的其实是一种社会秩序；真正的罪恶之源，并非工业技术，而是资本主义制度。

无论是在《文化与社会》《乡村与城市》，还是身后出版的文集《现代主义的政治》中，现代性始终是威廉斯思想理论中的一个隐含主题。威廉斯通过对英国文化传统的重新梳理，厘清了英国文化传统中不利于英国现代化进程的内容。在《识字的用途》中，理查德·霍加特指出人们在语言上不断借用父辈言辞的现象，霍加特认为这是在固守传统，"使用这样的语句表明了一种对现代思想一些比较浅显方面的重要拒斥"[③]。可以看出，与威廉斯同时代的其他左派知识分子，也在竭力从文化领域中清理那些不利于英国现代性发展的因素。但是不同于霍加特等人将主要精力放在工人阶级及大众文化研究上，威廉斯回到乡村文化中寻找源头，最终剥离出英国文化中阻碍英国工业现代化发展的深层原因。

---

① Raymond Williams, *The Country and the City*, New York: Oxford University Press, 1973, p. 5.

② Raymond Williams, *Towards 2000*, London: the Hogarth Press, 1983, p. 221.

③ Richard Hoggart, *The Uses of Literacy*, Harmondsworth: Penguin Books, 1957, p. 132.

第二节　地域性与世界性

虽然威廉斯的小说和某些理论作品具有浓厚的地域特征，但他关注的不仅是威尔士，还有整个英国乃至世界的现状与未来。威尔士意识与对整个世界的关注，在威廉斯的整个思想体系中得到了和谐的统一。所以达伊·史密斯说，“在论及威尔士的时候，雷蒙德·威廉斯将对他和他的民族来说是地域性的东西，变成了关于文化、社群与阶级的普遍状况”[①]。

一　地域性：威尔士意识

在为《希望的源泉：文化、民主、社会主义》一书所撰写的前言中，罗宾·布莱克本指出威廉斯观点的重要特征：“威廉斯强调自己的政治观点根植于个人经历。”[②] 实际上，不仅政治观点，威廉斯在文学批评、文学创作领域内的开拓也均与其早年的乡村经历密不可分。终其一生，威廉斯在内心深处从未远离他的威尔士边村。这个在布莱克山区长大的乡村之子，最终在创作鸿篇巨制《布莱克山区的人们》时离开了人世。他的人生，从布莱克山区开始；他的写作生涯，以布莱克山区终结。传记作家弗雷德·英格里斯在评价约翰·斯图亚特·密尔和威廉斯时如是说：“诗歌之于密尔，如同布莱克山区之于威廉斯。借此，他们心灵的痛苦被召唤出来并得以愈合。”[③] 英格里斯的话强调了威尔士家乡对威廉斯思想的重要性。在《谁为威尔士代言？民族、文化、身份》一书中，编辑丹尼尔·威廉斯也认为在威廉斯研究中存在着一个重要问题，那就是“其出

---

① Terry Eagleton, *Raymond Williams: Critical Perspective*, Cambridge: Polity Press, 1989, p. 51.

② Raymond Williams, *Resources of Hope: Culture, Democracy, Socialism*, Robin Gable, ed. , London. New York: Verso, 1989, p. x.

③ Fred Inglis, *Raymond Williams*, London and New York: Routledge, 1995, p. 137.

生地不被重视或被完全忽略了"[①]。时至今日，《谁为威尔士代言？民族、文化、身份》一书出版已逾十年，但人们对威廉斯思想中威尔士特征的忽视仍未有太大改变，相关研究也仍处于待拓展状态。

在《谁为威尔士代言？民族、文化、身份》中，丹尼尔·威廉斯批驳了一种观点，那就是认为威廉斯在文化理论上是超越国界的，而作为小说家则是地域性的。丹尼尔·威廉斯认为，"事实上威廉斯与他'故土'的联系从未仅限于小说"[②]。在丹尼尔·威廉斯眼里，即使是在理论作品中，威廉斯也表现出了很多威尔士特征。丹尼尔·威廉斯的说法不无道理，威廉斯不但在多篇文章中进行了充满威尔士民族主义色彩的论述，而且反复强调威尔士乡村的成长经历给他带来的影响。除此之外，威廉斯的小说均以威尔士乡村极其周边城镇为场景。因此进入21世纪之后，威廉斯被威尔士官方当作地方文化名片，他的小说《边村》也在威尔士政府的支持下不断得到再版。所以说，威廉斯的确是一名具有地域特征的作家。

诚然，出生于乡村的作家未必要在写作中体现乡村元素。但对威廉斯而言，威尔士乡村的确是他对整个英国社会进行思考的出发点与依据。从早年的《文化与社会》《从狄更斯到劳伦斯的英国小说》到《乡村与城市》，威廉斯对乡村文化的思考越来越深入。从20世纪60年代末开始，他越来越多地将目光投向威尔士乡村。他撰写文章、发表研究，就威尔士问题表达自己的见解。威廉斯去世后，他在这一时期的作品被收入文集《吾曾欲言》（1989）和《谁为威尔士代言？民族、文化、身份》（2003）中。除此之外，由于不满于之前作家对时代主题把握不力、未曾展现乡村阶级之间的流

① Raymond Williams, *Who Speaks for Wales, Nation, Culture, Identity*, Daniel Williams, ed., Cardiff: University of Wales Press, 2003, p. xv.

② Ibid, p. xvii.

动状况，威廉斯专门创作了以威尔士为背景的小说“威尔士三部曲”。这些作品一方面说明威尔士乡村是威廉斯创作素材的重要资源，另一方面也体现出威廉斯与威尔士不可分割的联系。1987 年，伊格尔顿在对威廉斯进行访谈时说：“你在小说和政治著作中越来越多地提到威尔士；从个人和政治角度看，你与威尔士仍然有着密切的、积极的关系。”① 威廉斯对伊格尔顿的判断予以承认。在威廉斯去世的前一年，威廉斯的同乡约翰·巴尼也在专访中说：“威廉斯在过去的二十年里将时间一半分给了剑桥学术圈，一半分给了布莱克山区的格拉沃斯村。”② 格拉沃斯村位于威廉斯在家乡布莱克山区附近的小村庄，威廉斯晚年在那里购置了房屋并时常去居住。因为威廉斯对威尔士故土感情深厚，他过世后也被安葬在格拉沃斯村附近。

威廉斯作品中的威尔士特征并非无意为之，而是威廉斯对小说创作规律和威尔士小说之弊进行深入分析之后的理性选择。威廉斯坦白地说：“是的，地域性。我们就是因此获得认可。写对英格兰人来说是异域情调的东西，写有趣的威尔士人。”③ 在短文《小说中的地域与阶级》（该文收入《社会中的写作》一书）中，威廉斯将地域小说总结为三类：第一类是具有可辨识的、其他地域所不具备特征的小说；第二类是那些讲述不同于其他地区生活状态的小说；第三类地域小说则是“关于”某时某地具体社会生活的小说。在这三种类别中，威廉斯都强调地域小说区别于其他地区的独有特征。他认为威尔士小说未得充分发展，改变这种现状的一条重要途径就是要使小说具有地域色彩。威廉斯本人就大致秉承了这样的写

---

① Raymond Williams, *Resources of Hope*: *Culture*, *Democracy*, *Socialism*, Robin Gable, ed., London. New York: Verso, 1989, p. 320.

② Raymond Williams, *Who Speaks for Wales? Nation*, *Culture*, *Identity*, Daniel Williams, ed., Cardiff: University of Wales Press, 2003, p. 165.

③ Ibid., p. 149.

作原则，劳动者的辛苦和贫困、起伏的群山、在荒野中奔跑的野马和大片的蕨类植物使得威廉斯的小说具有独特的威尔士乡村风情。威廉斯希望以成功的威尔士书写，改变威尔士文化受英格兰文化忽视、压抑的状态。

威廉斯还认为，上文提及的这三种地域小说的“每一种都具有意识形态上的重要意义”[①]。因此，威廉斯对威尔士乡村生活的展现，就有了内在的政治意蕴。威廉斯的作品多依据自己在威尔士乡村的经验而成，小说《第二代》和《为马诺德而战》均是描述威尔士社会或威尔士工人阶级生活的作品。即使表面看来与威尔士意识并没有多大关联的小说《志愿者》，也隐含了作者对威尔士问题的关注。在威廉斯的作品中，经常可以看到他对威尔士被边缘化的不满和抗议。随着年岁日长，威廉斯的这种思想倾向越发明显。1975 年，威廉斯在英国广播公司的讲话中指出：“威尔士语不但受到了工业革命和由此引发的人口迁移的冲击，还遭到有意识的压制、惩罚和蔑视。学校蓄意而为的政策已使威尔士语穷途末路。”[②]学者豪厄尔·罗兰·迪克斯指出威廉斯这种言论背后所隐含的政治目的——“威廉斯试图使威尔士意识上升到足够高的水平，以便使 1979 年公民投票获得自治的理想成为现实”[③]。

但是总体而言，威廉斯笔下的威尔士乡村，除了具有前工业时代的乡村美景外，在文化传统和生活习惯上并没有体现出不同于其他乡村的特色。除了在个别作品中粗略地提及，威廉斯作品中并未充分展现关于语言、传统、礼仪、服饰、饮食等只有威尔士人民才能理解与分享的特征。究其原因，威廉斯的威尔士乡村，实际上已

---

① Raymond Williams: *Writing in Society*, Thetford, Norfolk: Thetford Press, 1991.

② Raymond Williams, *Resources of Hope*: *Culture*, *Democracy*, *Socialism*, Robin Gable, ed. , London. New York: Verso, 1989, p. 101.

③ Hywel Rowland Dix, *After Raymond Williams*: *Cultural Materialism and the Break – up of Britain*, Cardiff: University of Wales Press, p. 126.

经是多少经历过商业化和现代化洗礼的乡村。虽然威廉斯一直对威尔士乡村情有独钟，也常以威尔士人自居，但是对威尔士乡村的独特之处并未进行深入发掘和细致刻画，这种欠缺不能不说是威廉斯创作的一大遗憾。

具有威尔士特征却又未专门表现威尔士地域文化，这似乎是威廉斯创作的不足，但同时也是威廉斯竭力达到的效果。威廉斯在接受《新左派评论》编辑专访的时候表明，自己在《文化与社会》中，有一个因素在某种程度上导致了他未能对英国经验进行足够的批判与思考，“那就是威尔士经验”[①]。可以看出，威廉斯具有极其矛盾的心理：他一方面希望以作品展现威尔士生活和威尔士问题，另一方面又不希望人们将他的小说视为“地域小说”。他在接受《新左派评论》采访时也曾坦言，在创作《边村》和《为马诺德而战》时他竭力摆脱小说的“威尔士性”。他非常欣赏小说家托马斯·哈代，认为哈代的小说既充满了地域色彩，其主题又具有超出地域局限的广泛意义。实际上威廉斯在《边村》《为马诺德而战》等小说中也在竭力做到这一点。威廉斯从不会为写小说而写小说，他的作品和人物总是反映了特定的社会问题，当这种问题在整个英国社会均具有普遍意义时，威廉斯是不会为了小说的地域色彩而牺牲其社会历史意义的。

二　世界性：汲取中国经验

威廉斯将自己的身份定位为“威尔士欧洲人”[②]，但实际上威廉斯并未将视野囿于威尔士或欧洲，而是放眼全球，关注世界上不同国家，尤其是社会主义国家的文化与政治。威廉斯自己也总结

---

① ［美］雷蒙德·威廉斯：《政治与文学》，樊柯、王卫芬译，河南大学出版社 2010 年版，第 103 页。

② 同上书，第 299 页。

道："从威尔士特征到国际主义因素，我跨越整个行程，然后置身于某种文化中，在这里我才可以呼吸，或者说，至少我可以喘喘气，以便回去对付资本主义的欧洲和资本主义的英国，并且毁灭它们。"[①] 虽然威廉斯思想的主要依据是英国本国社会与文化状况，但是他关注的某些问题却是超越国界的。在《迈向2000年》中威廉斯清楚地指出，虽然书中援引的事例多来源于英国，但他认为据此进行的论述亦适用于"更广泛的情境，适用于所有工业社会和世界经济政治中"[②]。虽然英国文化中或许拥有比其他任何国家或地区都丰富的乡村与城市主题，但威廉斯也承认，在苏联、法国、美国、意大利等国家中，乡村主题也同样具有重要意义。随着威廉斯乡村文化思想的发展，他越来越多地将研究的视野扩展向整个世界。

当威廉斯将目光跨越英国边界时，他尤为关注的国家便是中国。威廉斯深知英国保守主义传统的厚重与社会主义革命道路之漫长，所以他在对社会主义的未来进行预测时，经常从社会主义国家中寻找经验。中国革命和发展的实践，便成为威廉斯思想理论的重要现实依据。虽然威廉斯对中国文化专门的论述仅有《中国观察》一篇短文，但是在《马克思主义与文学》《乡村与城市》《政治与文学》等重要作品中，威廉斯不断论及中国，显然对中国文化与社会状态进行过深入探究并从中获益匪浅。因为威廉斯思想与中国的关联不像其"文化唯物主义"理论一般曾被着力论述，所以长期以来处于被忽视状态。如今，当威廉斯曾借助中国社会现实进行论证的城乡关系、乡村发展等内容已经成为中国面临的重大问题时，对威廉斯城乡关系理论中国渊源的探讨就变得尤为必要。

（一）乡村：被低估的力量

出生于威尔士边界乡村的威廉斯，对乡村具有深厚的情感，并

---

① ［英］雷蒙德·威廉斯：《政治与文学》，樊柯、王卫芬译，河南大学出版社2010年版，第300页。

② Raymond Williams, *Towards 2000*, London: the Hogarth Press, 1983, p. 21.

且对乡村劳动大众的真实生活状态极为了解。所以他既反对将乡村过度美化，也反对将乡村刻意贬低。威廉斯首先反对的是利维斯等精英主义知识分子对“快乐的英格兰”乡村场景的缅怀与追忆。威廉斯从一个马克思主义文化理论家的批评视角出发，通过对英国田园诗歌中隐含的政治、经济变化进行剖析，指出利维斯式的乡村有机社会从未存在，利维斯等精英主义知识分子之所以美化乡村，不过是为了贬抑城市工业文化。尽管威廉斯对将乡村生活浪漫化、田园化的做法并不赞成，但他对将乡村生活描述为愚昧落后和不开化状态的做法也极为反感。在威廉斯生活的时代，英国已经基本完成了工业化进程，乡村人口剧减，1973 年威廉斯出版《乡村与城市》时，英国从事农业生产的人已经不足百分之四。虽然乡村文化成为极其边缘化的亚文化，但是威廉斯仍然为乡村文化据理力争，而威廉斯抗争的重要依据，便是中国等农业人口仍占很大比重的社会主义国家的革命成果和发展经验。

威廉斯在《政治与文学》一书中表明，他对中国革命的了解最初是通过埃德加·斯诺的《红星照耀中国》。威廉斯年少时，经常从当地的阿伯加文尼镇左派图书俱乐部借阅图书。1937 年《红星照耀中国》在英国出版，西方读者第一次详细了解到毛泽东领导的中国革命，时年 16 岁的威廉斯在左派图书俱乐部读到这本对中国革命饱含激情与赞誉的作品。通过阅读，威廉斯得知“中国革命在城市遭到了失败，然后转移到了乡村并最终发展壮大起来”①。从而对中国“农村包围城市”的革命策略印象深刻。1979 年，威廉斯在接受《新左派评论》专访时也提到该书对他的影响：“因为读过埃德加·斯诺的《红星照耀中国》，我们也很关注中国革命。”在威廉斯 1985 年出版的小说《忠诚》中，威尔士工人运动的组织者

① Raymond Williams, *The Country and the City*, New York: Oxford University Press, 1973, p. 304.

租下乡村废弃农场作为政治活动基地，从而为工人集会提供便利。这种以乡村为基地发展工人运动的方式在英国小说中并不常见，威廉斯极有可能是受到中国革命经验的启发。

威廉斯在很多年后仍对《红星照耀中国》记忆犹新，所以不但在谈到中国革命时充满感情，而且经常以中国革命的成功作为乡村所蕴含力量的例证。在谈到人们不断提及的“乡村生活的蠢行”时，威廉斯指出：“实际上在中国和古巴农民社会主义革命之前，这种思维方式是欧洲的城市社会主义者所惯有的。”[①] 在威廉斯看来，中国和古巴革命的成功是对资本主义社会中贬抑丑化乡村行为的有力反击，因此对改变人们对乡村的偏见具有重要意义。两年后，威廉斯在文章中又重申对中国等社会主义国家革命的支持。他说：“当我回顾中国、古巴和越南的革命时，我觉得不仅对他们的目的，而且对他们的方法以及他们夺取政权的方式产生了最基本的认同。”[②] 威廉斯因此更加相信，将城市和工业置于乡村和农业之上是极端有害的做法，最终会伤害整个无产阶级革命事业。在威廉斯看来，“愚昧的乡村人”却能够成为强大的革命力量，足以证明对乡村的轻视和贬抑是多么肤浅与无知。

随着威廉斯乡村文化思想的逐渐形成，他对中国的了解也在不断深入。威廉斯偶尔会提及“漫长的中国历朝历代”[③]，但对中国的认识已经不限于此。在深入的阅读与思考中，威廉斯发现了中国与英国乡村文化的某些共性，所以在表达自己的观点时经常信手拈来，以中国的实际状况作为论据。威廉斯认为乡村意象是被选择过的，是在意识形态影响下人为地设计和创造出来的。所以纵观人类

---

① Raymond Williams, *The Country and the City*, New York: Oxford University Press, 1973, p. 37.

② Raymond Williams, *Resources of Hope: Culture, Democracy, Socialism*, Robin Gabel, ed., London. New York: Verso, 1989, p. 73.

③ Raymond Williams, *Towards 2000*, London: the Hogarth Press, 1983, p. 4.

发展历史，乡村并不总是以真实面貌出现在文化作品中。威廉斯观察到这种现象不单在英国存在，实际上在世界上很多地方，乡村都被作为一种观赏对象："在埃及、在美索不达米亚、在中国，人们设计风景。"[①] 虽然威廉斯对中国文化中人们如何设计风景语焉不详，但是可以看出，在威廉斯眼中，无论是在英国还是中国都存在着这样一种传统，那就是把乡村景象当作人们的精神寄托或审美对象，乡村的真实景象反倒被遮蔽了。

威廉斯将乡村看作一个重要且具普遍意义的问题，对乡村进行了持续的关注与思考。这也是威廉斯同理查德·霍加特和爱德华·汤普森等将目光锁定于城市工人阶级的第一代新左派知识分子的重要区别。在1984年发表的短文《乡村与城市之间》中，威廉斯指出自己十多年前在《乡村与城市》中的预测已经得到证实，于是对未来的乡村发展提出了新的见解。威廉斯认为，一个新的经济发展趋势就是原先需要大量工人密集作业的生产流程会不断减少，而且"借助新的能源与通信技术带来的便利，这样的工作场所可以分散在各地，包括乡村地区"[②]。威廉斯所预见的景象，在当时的英国已见端倪，并且与当前中国乡村城镇化建设也有颇多相似之处。另外，威廉斯注意到了乡村焚烧麦秸和喷洒农药等问题的后果，指出过度依赖化肥和杀虫剂的高投入农业是不可持续的，最终威廉斯提出了建设"绿色社会主义"的口号。威廉斯对这些问题的思索并非仅仅建立在英国的现实基础上，而是在国际经济发展大背景下进行的。由于威廉斯当初所提出的许多问题如今在中国乡村也逐渐显现，所以他对乡村的重视以及对乡村经济文化困境进行的阐述，对今天的中国仍然具有重要的参考价值。

---

① Raymond Williams, *The Country and the City*, New York: Oxford University Press, 1973, p. 121.

② Raymond Williams, *Resources of Hope*: *Culture*, *Democracy*, *Socialism*, Robin Gabel, ed. , London. New York: Verso, 1989, p. 231.

（二）国际局势：延伸了的城乡关系

威廉斯的城乡关系理论，为考察中国、苏联等国家面临的国际形势提供了新视角。威廉斯把城市和乡村的关系视为工业和农业之间关系的表现，所以在威廉斯的理论中城市和乡村的关系便具有隐喻色彩。威廉斯认为工业与农业、城市与乡村这种“19 世纪时仅在一个国家内部存在的职能划分现在已经扩展到全世界”[①]。威廉斯还进一步指出，一些西欧与北美的发达国家是工业上“先进”和“发达”的“大都市”，而其他欠发达的国家和地区则是农业为主的“落后”的“乡村”。虽然欠发达国家的经济也会发展，但是这种发展通常是以满足“大都市”国家的需要为前提的，被卷入国际经济秩序分工的“乡村”国家，往往从事单一的专门化生产。倘若这些国家想要在政治上获得独立并发展自己完整的经济体系，就会遇到“大城市”国家的阻挠甚至武力干涉。如此一来，威廉斯的“城市—乡村”关系理论，便有了更为广泛的政治意蕴。朱莉·斯克斯基和费尔南多·科尼尔曾合作撰文指出：威廉斯所描述的这种状况，实际上是一种后殖民主义行为；在这种殖民行为中，发达国家视自身为具有主导能力的中心，“建立起一种国家间的等级体系”[②]。根据威廉斯的观点进行判断，西方国家同苏联、中国等国家的敌对固然有意识形态的原因，但从经济角度来看是希望抑制这些国家的发展，使得这些国家能够持续地作为工业落后的“乡村”为发达工业国家提供原料与市场。这种国际化的“城乡冲突”愈演愈烈，最终会导致各种冲突与摩擦。

在作为“乡村”的中国与作为“城市”的资本主义强国发生冲突时，威廉斯保持了支持“乡村”的立场。1950 年朝鲜战争爆

---

① Raymond Williams, *The Country and the City*, New York: Oxford University Press, 1973, p. 279.

② Dennis L. Dworkin, Leslie G. Roman, ed., *Views beyond the Border Country: Raymond Williams and Cultural Politics*, New York and London: Routledge, 1993, p. 234.

发，美国组成联合国军出兵朝鲜，威廉斯对此非常愤怒。他清楚地看到，这次战争是一场非正义的干涉活动，美国出兵的根本目的也不仅仅在于朝鲜。威廉斯毫不留情地指出美国的险恶用心："美国军队在那里显然是要完成美国对中国的战略包围。在此意义上，这场战争是中国革命引起的斗争的延伸。"[①] 威廉斯对这场战争的反感并没有仅限于理论层面的口诛笔伐，而是在实际行动上体现了出来。"二战"期间威廉斯曾经在炮兵团服役，具有一定战斗经验且年纪尚轻，所以被征召到朝鲜战场只是时间早晚的问题。然而清醒地认识到朝鲜战争本质的威廉斯再也不愿奔赴前线，他决定拒绝征召。据威廉斯回忆："最初拒绝征召的唯一方式是拒绝命令，然后在监狱里待上至少一个月。我当时决定那样做……"[②] 威廉斯宁可进监狱也不愿为这场非正义战争卖命，幸而后来形势变化，新的法规使威廉斯免于牢狱之灾。

威廉斯直言不讳地表达自己对朝鲜北方解放军的支持，希望他们取得胜利。这种政治立场激怒了英国军方，于是威廉斯被剥夺了军衔。对此威廉斯不以为然，他不改初衷，坚决捍卫正义。因为对美军在越南的军事行动极度反感，威廉斯在此后十年里一直拒绝去美国进行学术交流活动。在国际化的"城市"国家与"乡村"国家的冲突中，威廉斯一直站在"乡村"一边，向试图控制和操纵"乡村"的力量抗争。在以威尔士山区为背景的小说《忠诚》中，威廉斯通过知识分子诺曼的经历表达了自己对阶级忠诚的思考：当另一个国家的劳动阶级利益同本国资产阶级利益发生冲突时，是该忠于国家还是忠于阶级？虽然小说并未做出回答，但是威廉斯本人的行为似乎已经为这个问题提供了答案。

---

① ［英］雷蒙德·威廉斯：《政治与文学》，樊柯、王卫芬译，河南大学出版社 2010 年版，第 71 页。

② 同上。

威廉斯看到了当代资本主义强国为争夺“乡村”国家的资源而进行的激烈竞争。工业技术不断被应用于武器生产，核武器成为人类生存的重大威胁。当许多国家出于不同的目的而签署不扩散核武器条约时，威廉斯对中国面临的状况再度进行了思考。他说：“具有讽刺意味的是，不扩散核武器条约的重要反对者（主要是中国）就曾经面临超级大国霸权操控的危险。”[①] 威廉斯看出不扩散核武器条约之虚伪，拥有核武器的工业强国不希望其他国家形成核武器力量才抛出这样一个条约。在之前的《核裁军政治》一文中，威廉斯也谈到了在敌方已经拥有核武器的情况下，自身获得同等核威慑能力的必要性。所以，对中国反对不扩散核武器条约的行为，他表示理解。实际上，在抵制超级大国发展核武器的问题上，威廉斯对社会主义国家寄予厚望，所以他才会说：“必须坚决反对那些希望摧毁或威胁苏联、苏联的社会主义盟国中国或新成立的革命国家的人。”[②] 威廉斯通过观察发现，资本主义强国掀起的军备竞赛使许多国家特别重视武器生产、军事和国家安全，甚至形成了一种“军事—工业情结”。对此，威廉斯再次为自己的论断从中国等社会主义国家中找到了证明，他说在这一点上人们“特别值得注意的是苏联和中国”[③]。在威廉斯看来，只有了解苏联和中国“军事—工业情结”的形成，才能真正了解当时复杂的国际经济分工与政治秩序。

威廉斯所说的国家间的“城乡关系”实际上是一种不平等的霸权与反霸权关系。依据威廉斯的理论，当苏联在工业经济实力上升后将同中国的关系变成具有“城市—乡村”式的控制与被控制关系时，中苏之间的冲突就不可避免了。中苏之间的矛盾也通过意识形

---

① Raymond Williams, *Towards 2000*, London: the Hogarth Press, 1983, p. 222.

② Raymond Williams, *Resources of Hope: Culture, Democracy, Socialism*, Robin Gabel, ed., London. New York: Verso, 1989, p. 206.

③ Raymond Williams, *Towards 2000*, London: the Hogarth Press, 1983, p. 226.

态的差异最直接地表现了出来。虽然中苏都是社会主义国家，但是分歧依然存在。威廉斯发现，“从20世纪60年代早期始，苏联和中国之间在意识形态上公然分裂，两国都是共产主义政党掌握政权，履行的却是马克思主义理论与实践的不同版本”[①]。不仅如此，威廉斯还进一步指出：“世界上存在着相互对立的正统共产主义和马克思主义核心；苏联和中华人民共和国之间的对立只不过是其中最为明显的罢了。”[②] 既然苏联、中国、第四国际、古巴、南斯拉夫等国家或组织推行的是各种不同的马克思主义形式，威廉斯认为有必要厘清什么是真正的马克思主义以及马克思主义同工党、费边主义、凯恩斯主义等不同理论与主张之间的本质差别。这种对正统马克思主义思想的追寻与思考，促使威廉斯更多地回到经典马克思主义中寻找理论资源。所以到20世纪70年代出版《马克思主义与文学》时，威廉斯已经是一个理论素养丰厚的马克思主义批评家了。

（三）城乡之间：有待克服的分裂

威廉斯在《关键词》一书中指出：“城市”（city）这个词早在13世纪就已经存在，但直到16世纪“城市”才用来区别于“乡村”（rural areas，country）地区。城市与乡村的关系随着社会的发展一直在变化，“到了17世纪，city与country所形成的对比变得非常普遍”。[③] 到威廉斯生活的时代，城市与乡村之间已经出现了明显的断裂。英国工业资本主义体系的形成使城市比乡村获得了更多经济发展上的优先权。威廉斯以自己家乡威尔士为例，指出英国在工业发展过程中虽然曾在威尔士发展了钢铁和煤矿工业，但是“这些发展极少与发展中的威尔士乡村有关，也极少符合威尔士乡村经济

---

① Raymond Williams, *Culture and Materialism*, London. New York: Verso, 2005, p. 234.

② Raymond Williams, *Resources of Hope: Culture, Democracy, Socialism*, Robin Gabel, ed., London. New York: Verso, 1989, p. 66.

③ ［英］雷蒙德·威廉斯：《关键词》，刘建基译，生活·读书·新知三联书店2005年版，第44页。

传统与需求”[1]。威廉斯认为，乡村的道路修建、煤矿开采等行业的发展，只不过是为了更好地发展城市工业，城市与乡村之间始终没有形成一种共生的发展关系。当英国成功地将偏远国家变成自己的“乡村”时，英国本土乡村更加被边缘化。利维斯等精英主义知识分子对昔日乡村中“有机社会”的描述，充满对城市工业的敌意，这种思想其实就是对城乡之间断裂关系的体现。

威廉斯看到了城市与乡村、工业与农业之间的对立与断裂，并清晰地认识到这种对立与断裂实际上是社会中劳动分工和专门化发展到极点的结果。所以，威廉斯认为要克服乡村与城市之间的断裂，重要的是要克服劳动分工的问题。至于如何做到克服劳动分工，威廉斯给出的方式是“拒绝被分工”[2]。个人拒绝被分工毕竟力量有限，但威廉斯认为个人行为最终可以汇集成为社会行为，从而对劳动分工进行抵制与反抗。威廉斯以自己的经历说明了这种方法的可行性，他既在城市也在乡村工作与生活，所以严格的劳动分工以及城市文化与乡村文化的分裂对威廉斯而言是可以避免的。威廉斯提出的方法对多数人来说并不可行，所以这种提议也没有被人们注意。实际上，威廉斯追求的是城市与乡村在文化与政治地位上的平等。然而，英国早已衰落的农业在整个英国经济中处于极其边缘的地位，乡村的地位已经难以与城市比肩，所以城乡平等在英国资本主义经济体系内难以实现。当威廉斯将目光投向中国时，他才为自己的理论找到了有力的支撑。

威廉斯在毛泽东的作品中看到了克服城乡文化断裂的努力。毛泽东希望作家深入了解大众生活，同大众打成一片，投身到各种新型的大众文化创作活动中去。毛泽东所说的大众包含了乡村的农

---

① Raymond Williams, *Who Speaks for Wales? Nation, Culture, Identity*, Daniel Williams, ed., Cardiff: University of Wales Press, p. 22.

② Raymond Williams, *The Country and the City*, New York: Oxford University, p. 306.

民，而城市知识分子能够主动将文化与乡村居民融合，在威廉斯看来则是克服了乡村与城市之间的“断裂”后的理想状态。尽管威廉斯对作家能否做到这种融合心存疑虑，但对毛泽东的观点仍表现出高度认可。他在不同场合多次熟练地引用《毛泽东选集》中的语句来论证自己的观点，并指出“听听毛泽东的说法不无裨益”[①]。毛泽东打破劳动分工的观点使威廉斯心存好感，也使“文化大革命”赢得了威廉斯的支持。对于中国教授不得不到乡村参加劳动，威廉斯认为无可指摘，他说：“我看不出为什么一个健康的普通人不应该参加体力劳动。”[②] 当然威廉斯只是支持打破劳动分工的问题，对于“文化大革命”中复杂的政治问题并没有妄加评论。当《新左派评论》批评威廉斯对中国“文化大革命”的立场时，威廉斯解释说他只是在反对阶层的区分与等级观念。威廉斯所言非虚，当他仅仅从城乡关系和劳动分工的视角来看“文化大革命”时，的确发现了不少他所企盼的改变。当然他也看到了“文化大革命”对社会秩序的巨大破坏，所以对“文化大革命”“试图用新形式的大众力量来反对已经形成的社会经济秩序”[③]，他并不是很赞成。

因为对传媒业的兴趣，威廉斯常常能在第一时间了解到中国的发展动态。1971 年，英国记者兼作家马克思·黑斯廷斯为 BBC 频道《24 小时》栏目制作了中国专题，并被以《周二档案：中国的乒乓球》为题播出。节目以乒乓球为切入点，用押头韵的方式将乒乓球、熊猫、宝塔当作典型的中国元素放在一起进行介绍，在介绍中混杂了各种不同的城市与乡村文化元素。看完节目后，威廉斯写下《中国观察》一文，对当时中国文化和政治现象进行了分析。同

① ［英］雷蒙德·威廉斯：《马克思主义与文学》，王尔勃译，河南大学出版社 2008 年版，第 214 页。

② ［英］雷蒙德·威廉斯：《政治与文学》，樊柯、王卫芬译，河南大学出版社 2010 年版，第 421 页。

③ Raymond Williams, *Culture and Materialism*, London. New York: Verso, 2005, p. 255.

样是通过BBC新闻，威廉斯得知“基辛格离开北京”[①]的中美外交细节，昔日的“城市国家”与“乡村国家”进行了前所未有的互动。仅仅十多年后，英国本土的城乡关系也发生了重大变化，威廉斯“曾经预测的主要发展趋势似乎都已经得到有力的证实”[②]。城市与乡村之间的对立与紧张关系，通过威廉斯曾经所说的“拒绝被分工”而有所缓和。具体表现在，不同的人群如退休人员、上班族等在向农村社区流动，而乡村居民也经常得到城市举办的汽车“拉力赛”广告。城市与乡村、工业与农业之间明晰的职能划分已经成为过去，城市与乡村紧密相连，乡村与城市以威廉斯曾经建议的方式找到了融合的途径。虽然威廉斯在《迈向2000年》等对未来进行展望的作品中，并没有详细提到中国乡村，但中国乡村在城镇化过程中的巨大变化，似乎也在沿着威廉斯所预测的道路进行，并未真正超出威廉斯的理论框架。

1988年，当中国改革开放进行到第十年的时候，威廉斯离开了人世。这位出生于中国共产党成立那一年的马克思主义文化理论家，早就知道中国这个“农业国家”所蕴含的力量。威廉斯或许从未想到，在这个他一直关注却从未驻足的国家里，他的思想受到了越来越多的重视。他的“文化唯物主义”理论、“关键词”研究在中国学术界影响深远，他所推崇的“共同体”在中国也成为人们耳熟能详的词汇。在城乡关系理论上，威廉斯再次证明了自己敏锐的洞察力和远见。他对乡村潜在力量的重视、以“城市—乡村”视角进行的国际关系分析，对乡村与城市之间人口流动的关注、对乡村工业化和生态危机等问题的探讨，以及对如何消解城乡二元对立而进行的思考，也随着中国乡村城镇化进程的展开逐渐显现出其重要

① Alan O'Connor, *Raymond Williams*, Lanham: Roman & Littlefield Publishers, Inc., 2006, p. 106.

② Raymond Williams, *Resources of Hope*: *Culture*, *Democracy*, *Socialism*, Robin Gabel, ed., London. New York: Verso, 1989, p. 227.

参考价值。威廉斯去世后，学者康奈尔·韦斯特在悼念演说中称："雷蒙德·威廉斯是欧洲时代（1492—1945）结束前出生的最后一位伟大的欧洲社会主义革命知识分子。"[①] 但从威廉斯城乡关系理论同中国的关联来看，威廉斯并不仅仅是一位"欧洲知识分子"，他的思想也不仅仅属于某个时代。

小 结

威廉斯常以"立足威尔士的欧洲人"[②] 自居，无论是从理论作品还是小说来看，他的确具有威尔士和欧洲的双重视角。作为一名从威尔士山区走出的平民子弟，威廉斯在接受了精英主义教育、接触到当时欧洲其他国家最先进的思想理论之后，逐渐形成了超越威尔士的视野。他以一名欧洲知识分子的立场回望英国乡村所发生的一切，洞察了英国文化中长期存在乡村怀旧情结并剖析了原因。虽然威廉斯并未提及"反工业主义"一词，但他的作品足以动摇英国反工业主义思想的社会及文化根基。威廉斯的分析实际上启发了后来的马丁·威纳等学者，他们开始在文化根基上寻找英国工业经济衰落的原因。以马丁·威纳的观点反观威廉斯对乡村怀旧思想的批判就会发现，威廉斯的乡村文化观实际上有利于人们认清英国文化中潜藏的反工业主义暗流。可惜的是，当时英国工业衰落的征兆初现，人们未能有意识地对衰落原因进行理性剖析，因而威廉斯的乡村文化思想也没有得到足够重视。

威廉斯的代表作《文化与社会》常因缺乏国际维度而受诟病，但在其他作品中，威廉斯表现出了超国界的视野。在《从易卜生到

---

① Christopher Prendergast, ed., *Cultural Materialism on Raymond Williams*, Minneapolis: University of Minnesota Press, 1995, p. 1.

② ［英］雷蒙德·威廉斯：《政治与文学》，樊柯、王卫芬译，河南大学出版社 2010 年版，第 299 页。

布莱希特的戏剧》中，威廉斯对不同国家的经典戏剧进行了剖析；在《乡村与城市》和《马克思主义与文学》中，威廉斯表现出对中国、苏联等不同国家革命与建设经验的独到见解。他将乡村与城市的关系向纵深推进，将其视为经济落后国家和工商业强国之间关系的隐喻，所以他对英国乡村的思考实际上已经超越了乡村，逐渐扩展为一种对国际文化和国际局势的分析。以乡村与城市为研究的出发点，威廉斯最终清楚地把握了不同国家和地区之间具有后殖民色彩的关系，所以才能在《迈向2000年》中对国际局势驾轻就熟、洒脱自如地分析。后殖民主义理论家爱德华·赛义德声称，"《东方主义》确实非常多的借助了雷蒙德的著作"。[①] 由此来看，威廉斯不但在研究视域方面具有国际性，其理论影响也早已超越英国国界。

① ［英］雷蒙德·威廉斯：《现代主义的政治》，阎嘉译，商务印书馆2004年版，第256页。

第五章

威廉斯乡村文化思想的意义与局限

雷蒙德·威廉斯是一个思想充满矛盾的理论家。他既具有左派的激进政治态度，又曾受利维斯文化保守主义的影响。在威廉斯的乡村文化理论中，这种激进与保守，进步性与局限性也同样存在着。在关注威廉斯乡村文化思想时，不但要看到威廉斯揭露乡村文化真相、对抗主流文化霸权的勇气，也要看到威廉斯内心深处对乡村文化传统的眷恋，以及威廉斯在乡村文化理论中暴露的内在逻辑缺陷。唯有如此，才能真正理解威廉斯对乡村文化的开拓与不足。

第一节　威廉斯乡村文化思想的意义

与威廉斯同时代的爱德华·汤普森和理查德·霍加特等新左派思想家，多半将目光聚焦于工人阶级。汤普森的《英国工人阶级的形成》与霍加特的《识字的用途》对工人阶级意识的构建和文化特征进行了详尽的论述。虽然威廉斯同样具有工人阶级背景，但是乡村生活的经历使他在关注英国工人阶级文化的同时，不忘乡村文化传统。他从全然不同的视角对英国文学和文化中的乡村形象进行了思考；而他以威尔士为背景的小说，则将主题拓展到先前作家未曾涉及的领域，不但对英国乡村工人阶级的内部冲突和流动进行了深入展现，而且在某种程度上激发了威尔士民族意识。

一　弥合断裂：创造联系

陆建德先生在为《伟大的传统》中文版撰写的序言中如此评价利维斯："在他后期的作品中他给读者的印象是他在孤独地进行一场无望取胜的斗争。"[①] 面对随着电影、电视等新兴传媒技术发展而日益兴起的大众文化，力图以经典文学与之对抗的利维斯，最终必然会同堂吉诃德一样落败。与利维斯全然不同的是，第一代新左派思想家和后来的伯明翰文化研究中心将视野投向了新兴大众文化。于是英国文化中一边是维护经典传统的利维斯主义者，一边是维护大众文化的左派思想家，英国文化传统与大众文化之间的断裂日益明显。在众多思想家中，威廉斯独树一帜，试图在梳理英国文化传统的基础上将英国乡村传统与大众文化融合，以弥补这种断裂。威廉斯因此也成为英国文化研究史上一个"创造联系"的重要人物。

在《斯图亚特·霍尔的学术之路》一文中，批评家詹姆斯·普罗斯特将威廉斯与霍尔的思想形成历程进行了对比，认为二人思想观点的形成很大程度上源于他们独特的"边缘"身份。普罗斯特认为："由于人们的边缘身份能促使其把周围本地人的习惯看作一种具有人类学意义的意愿，因此这种边缘身份对学术活动有很大教益。雷蒙德·威廉斯就是出身于一个居住在英格兰和威尔士边境地带的家庭，因此他很好地运用了这种身份为他带来的各种优势。"[②] 霍尔的牙买加和英格兰"双重流散"身份，使他能够对种族、阶级和霸权进行持续的关注与发掘，而威廉斯的"乡村工人阶级"出身

---

① 陆建德：《弗·雷·利维斯和〈伟大的传统〉》，载弗·雷·利维斯《伟大的传统》，袁伟译，生活·读书·新知三联书店 2009 年版，"序言"第 1 页。

② 张亮编：《英国新左派思想家》，江苏人民出版社 2010 年版，第 206 页。

则使他视野独到，能够跨越乡村与城市、传统与现代等各个边界。

通过阅读威廉斯不同时期的作品，可以发现威廉斯对“边界”的思考贯穿了他学术和创作活动的始终。在早期作品《从狄更斯到劳伦斯的英国小说》中，威廉斯开始关注英国工业化和城市化的主题。他之所以将狄更斯作为进行文本细读与批评的首位作家，是因为狄更斯最早以城市底层人物作为描写对象，展现了英国从农业文明向工业文明过渡时真实的社会状态。同样，在评价乔治·艾略特、托马斯·哈代以及 D. H. 劳伦斯时，威廉斯所关注的重心也是作家对英国工业化引发的社会和生活方式变化是否有所揭示。在《乡村与城市》中，威廉斯对威廉·科贝特和 L. G. 吉本等作家的选择也遵循着同样的标准。所以，威廉斯文学批评中针对的经典作品，跟利维斯在《伟大的传统》中选择的经典有所不同。

威廉斯的边界身份使他能够相对冷静而超脱地看待城市和乡村、现代与传统。因为他自身体验到了两种断裂，所以毕生都在探讨克服这种断裂的方式。威廉斯意识到，在脱离了传统乡村生活方式之后，新的工业城市中的劳动者面临着极度困惑与精神空虚。在《从狄更斯到劳伦斯的英国小说》中，他对那些反映时代变迁的小说进行了深入分析。他深知英国从农业社会向工业社会转变的过程中累积的种种社会问题，所以提出以新的共同体取代原有的乡村共同体，从文化领域应对人们的精神危机。威廉斯虽然提出了“可知共同体”“封闭共同体”“复杂共同体”等理念，但是对于如何构建共同体，威廉斯并没有做出具体说明。虽然他不赞成利维斯等知识分子的“有机共同体”观，但他本人的共同体理念也同样充满理想主义色彩，缺乏现实意义。在《文化与社会》中，威廉斯还强调了“共同文化”这一概念。他的“共同文化”是一种超越阶级的构想，充满了浪漫主义想象，因而遭到不少批评家的反对。

终其一生，威廉斯都在为打破英国文化与社会中存在的“二元对立”思维模式而斗争。伊格尔顿指出，威廉斯所面对的二元对立是全方位的：“这种对立也就是在‘老百姓’和‘读书人’、‘智性的群体’和资本主义的严酷世界、乡村和城市、弥尔顿和邓恩、高雅和通俗之间长期进行的斗争。”[①] 换句话说，威廉斯当时要面对的，是精英与大众、知识分子与统治集团、乡村与城市、高雅文化和通俗文化之间的对抗。尽管威廉斯因此常被批评具有资产阶级改良主义特征，但是他为弥合文化断裂而对处于边缘或从属地位的一方所做的努力却不应被忽视。

为弥合文化之间的断裂，威廉斯常将对立的文化置于一个相互联系的整体之中。他指出英国的乡村和城市都是整个英国资本主义体系中的组成部分，乡村经济与资本主义经济互相交织融合。因此，乡村文化并非孤立于城市工业文化而存在，而是与城市文化有着本质上的关联。同样，威廉斯也反对将工人阶级文化孤立起来，他指出工人阶级并未真正形成属于本阶级的文化，“工人阶级文化首先是社会的（因为工人阶级创造了各种机构），而非个人的（尤其是在知识性和想象性工作中）”[②]。通过将工人阶级文化界定为社会产物而非工人阶级专属，威廉斯竭力消除工人阶级与资产阶级在文化上的对立，期待在不同文化中寻找共性。

在 1977 年出版的《马克思主义与文学》中，威廉斯将自己的思想抽象化为理论形式。他反对文化中的二元对立思维，力图改变经典马克思主义将“基础”与“上层建筑”对立起来的观点。不但如此，他还打破当时将文化分为高雅文化与通俗文化、经典文化与大众文化、乡村文化与城市文化的做法，将文化分为“主导、残余、新兴”三类，并指出这三种文化之间存在着内在的融合和转化

---

① ［英］特里·伊格尔顿：《历史中的政治、哲学、爱欲》，马海良译，中国社会科学出版社 1999 年版，第 258 页。

② Raymond Williams, *Culture and Society 1780 - 1950*, Garden City: Anchor Books, 1958, p. 346.

关系。在《马克思主义与文学》中，威廉斯通过这些观点展现出了他的“文化唯物主义”思想。伊格尔顿曾经说过，威廉斯并不会满足于像在《马克思主义与文学》中所做的那样仅仅进行理论论述，他“要把唯物主义不折不扣地扩展到文化实践中去”[①]。“文化唯物主义”是一种高度抽象化了的批判力量，而乡村文化思想则是威廉斯文化唯物主义理论在实践中的具体实施。

威廉斯对二元对立模式的反感，同他对总体性的重视是一致的。威廉斯认为文化并非知识分子的专利，它不仅仅是“艺术和学问”，更是一种“平常的”“整体的生活方式”。威廉斯所界定的文化内涵使得文化不再为某一阶级或阶层所专属，从而弥合了所谓精英阶层高雅文化和大众流行文化之间的断裂，使得文化再无高下、优劣之分。做好理论上的准备后，进入20世纪80年代，威廉斯开始为处于边缘地位的威尔士文化奔走呼喊。在收入《谁为威尔士代言？民族、文化、身份》的多篇论文和演讲稿中，威廉斯将威尔士乡村语言传统、文学发展状况等不同领域所面临的问题均进行了详细阐述。他认为威尔士乡村传统文化的没落并非因为威尔士文化有缺陷，而是统治阶级刻意压制的结果。为了保存并复兴威尔士文化，威廉斯提出了不少合理的建议，再次为弥合边缘文化与主流文化之间的断裂做出了努力。

二　文化承继：为了前进而后退

在《希望之旅的资源：雷蒙德·威廉斯》一文中，特里·伊格尔顿谈到威廉斯在20世纪60年代末思想的重大变化：“为了继续前进而开始后退，重新研究他的威尔士遗产。”[②] 伊格尔顿“为了

---

① ［英］特里·伊格尔顿：《历史中的政治、哲学、爱欲》，马海良译，中国社会科学出版社1999年版，第261页。

② 同上。

前进而后退”的说法，亦足以概括威廉斯整个乡村文化思想的特征。威廉斯本是一名具有激进倾向的左派思想家，他在关注城市、工人阶级和大众文化的同时依然重视乡村与乡村传统，就是因为他认为在乡村与乡村传统中蕴含着可以促进英国现代化进程的力量。所以他从英国乡村入手，利用自己的马克思主义历史观分析乡村经济和文化发展历程，剥离出英国文化中具有现代意义的精髓；同时又摒弃了传统中不利于当代英国现代社会发展的一面，力图为实现英国现代化廓清道路。

威廉斯在梳理英国文化传统脉络时，均是从乡村变迁着手的。在《文化与社会》中，他在第一章就讨论了威廉·科贝特。科贝特之所以在威廉斯心目中占有如此重要的地位，是因为他很早就开始反映工业发展进程中的乡村生活变迁。在《乡村与城市》中，威廉斯对乡村文化传统进行了专门的梳理。他反复运用时光的“自动扶梯”向后倒行的比喻，不断将时空回溯，探寻所谓英国乡村“有机社会”的具体存在时间。在《希望的源泉：文化、民主、社会主义》《从狄更斯到劳伦斯的英国小说》等理论作品中，威廉斯从未停止以乡村为出发点对整个社会进行的思考。在威廉斯看来，乡村文化是英国文化的根源与基础，要合理地解决现代社会问题就必须从正确面对乡村文化传统入手。

威廉斯不仅在理论作品中不断回到象征着人类精神家园的前工业时代，在他的“威尔士小说”中也反复借助城市知识分子回乡的情节来表达自己对乡村文化的重视与反思。小说《边村》中的历史学家马修·普莱斯在进行矿区人口迁移的研究时遇到困难，身心俱疲。此时恰逢马修的父亲病重，于是马修回到了他生活过的乡村。马修的思想在过去与现在之间穿梭，在与家乡亲友故交的交流中，马修最终获得了克服困难、继续前行的力量。到马修将父亲安葬后回城时，马修显得稳重而成熟、冷静而坚毅。在《为马诺德而战》

中，功成名就的马修被聘为马诺德乡村的开发顾问，再度回到布莱克山区附近的家乡。根据新的开发计划，马诺德乡村将会变成一座信息化城市，原有的乡村生活将会发生颠覆性变化。这种开发是否适合当地发展与当地居民需求，以及开发计划背后可能隐藏的国外财团操纵，都令马修忧心忡忡。为了马诺德的未来，马修和年轻的知识分子彼得与决策者展开了辩论与抗争。马修两次回乡，第一次找回了自己的信心与力量，第二次是为了捍卫家乡人民在后工业社会倾轧下的利益。威廉斯将边界乡村视为乡村文化传统与城市工商业文化的交锋地带，在此他得以观察那些身陷两种文化之间的人们内心所经历的危机，也能够观察乡村生活方式与现代生活方式的碰撞与冲突。而威廉斯小说中的回乡情节，也体现了人们努力调整以适应现代社会的努力。

在小说《忠诚》中，威廉斯刻画了科学家诺曼·博豪斯与儿子格文·博豪斯两代科学家的故事，展现了知识分子的艰难抉择。社会主义者诺曼喜欢上了年轻美丽的威尔士女孩奈斯塔，但是党组织认为奈斯塔没有斗争经验，不是诺曼的理想恋人。诺曼在忠于党还是忠于自己所爱的女子之间选择了前者，给奈斯塔和不久后出生的儿子格文造成了一生的痛苦。他同样忠诚地对待苏联的社会主义者，因此悄悄将掌握的尖端计算机技术与苏联科学家共享，从而成为本国利益的背叛者。诺曼和密友兼同事蒙奇·皮特尔均被怀疑是背叛者，威廉斯运用多声部的叙事方式来陈述事件的始末，使得真相更加扑朔迷离。最终诺曼回到姑母去世后留下的乡村府邸，在那里守护着寂静茂密的山林度过余生。年轻的格文不顾妻子和母亲的不满，多次接触生父诺曼，以便探知他是否真正为苏联提供过技术机密。格文此举也是在为自己面临的问题寻找答案。年轻的科学家格文，负责探讨当英国核废料无处存放时向海洋深处倾倒的可能性。是忠于本国人民的利益，还是忠于全人类的共同利益，格文实际上也遇到了生父诺曼曾经面临的问题。为了解事情真相，格文来到林地寻找诺曼。那座林中古老的府邸，是诺曼童年时代度过无数光阴的地方。令格文无比惊讶的是，诺曼说这座房子也是格文出生后的最初几个星期所居住的地方。也就是说，在现代社会中遇到困惑和精神危机时，诺曼与格文父子都回到了幼年时生活过的乡村自然中寻找人生的答案。这一情节，如同一个人类历史发展的隐喻，昭示着人类社会发展所遭遇的困境必当从文化源头中寻找出路的命运。

在诺曼的眼里，乡村山野是能给他人生启迪的场所。诺曼不拘泥于英国自身利益，而是从人类整体福祉出发进行科学研究。他是最为彻底的社会主义者，却承受了来自本国社会主义群体的巨大压力，退隐到林间后诺曼才悟到了人生真谛、放下了心中的包袱。他对格文诉说内心感受："跟你说，格文，在那片林地里我一小时所领悟的东西，比从外面那个好贴标签、充满挑拨离间式争论的世界中所学到的要多。我置身其中，以全新的方式理解理性与文明。"① 以乡村大自然的包容性来应对现代生活带来的精神危机，这是威廉斯小说中惯用的方式。同精英主义者对乡村的乌托邦式美化不同，威廉斯并未将乡村视为不受沾染的净土或逃避之所，而是将乡村视作最贴近人类本性、最富文化启迪意义的场域。同样的思想也体现在威廉斯的另一部小说《布莱克山区的人们》当中。这部小说的故事情节是从年轻知识分子格林回到童年生活过的外祖父家开始的。威廉斯继而将时间的扶梯退回到人类狩猎群居的远古时代，试图带领英国读者完成民族文化的"回乡"之旅。虽然作为史诗式的巨著，《布莱克山区的人们》仅完成了前两部，但是威廉斯从文化源头寻找现代困境的思路已经得以显现。

---

① Raymond Williams, *Loyalties*, London: Chatto & Windus, 1985, p. 363.

在《忠诚》中，科学家诺曼在面对格文的诘问时反问道："难道我应该忠于无知、短视与偏见，就因为我的同胞如此吗？难道我应该默许地球被破坏，就因为我的同胞正在这么做吗？还是说，仅仅因为我们讲共同的语言、住在同一片面临威胁的土地，我就注定该接受人们共同的不足与无知？"[①] 诺曼认为仅仅关注英国利益是狭隘的，是一种"无知"与"偏见"。诺曼的反问体现了威廉斯在乡村文化问题上的思考，也解释了为什么威廉斯谴责英国将其他国家当作自己的"乡村"而进行掠夺。可以看出，威廉斯的"共同文化"所涵盖的内容已经不仅仅限于英国内部，而是拓展为包含世界其他民族的"共同"利益。

从马修·阿诺德到弗·雷·利维斯的英国精英知识分子，在面对随着英国工业化浪潮席卷而来的大众文化时，都喜欢以英国传统经典文化来与之抗衡。但是随着新媒体技术的发展，大众文化以前所未有的速度崛起，精英主义者对英国经典文化传统的维护不但势单力孤，而且有悖于历史潮流。面对这种情形，威廉斯对乡村文化采取了新的姿态。他非常理性地对待乡村文化，从中剥离出那些不利于英国社会发展的内容，极力为现代英国社会的发展清除文化障碍。英国左派知识分子拉尔夫·塞缪尔认为"如今社会主义在英国变弱了"，究其原因不过是"因为社会主义者没有提供一幅我们生活于其中的有意义的图景，或者是人民能够创造出来的另外一种社会主义的前景"[②]。而威廉斯所做的，恰恰就是要提供这样一幅图景。

威廉斯曾经在文章中说过："任何写作都会被打上当时的时空

① Raymond Williams, *Loyalties*, London: Chatto & Windus, 1985, p. 360.

② ［英］拉尔夫·塞缪尔：《阶级与无阶级》，载张亮、熊婴编《伦理、文化与社会主义：英国新左派早期读本》，江苏人民出版社2013年版，第188页。

烙印，具备当时时空条件下的因素。”[1] 威廉斯的思想的确是他所处时代的产物，但是由于他目光深邃，洞察文化的发展趋势，所以他的许多思想在今天看来还是充满真知灼见的。威廉斯重视乡村与乡村经济，后来看到“在整体下滑的经济中，农业现在已成为最成功的一块”[2]，他感觉无比欣慰。他对英国乃至世界范围内的乡村发展都满怀信心，并始终相信“在世界范围内，如今农业问题和农村问题仍然像它们在过去那样重要，并且在任何可以预见的未来可能会保持不变”[3]。正是因为农业问题和农村问题在世界范围内都是如此重要，所以威廉斯对乡村和乡村文化的思考就更值得我们铭记。他在乡村文化研究领域策略性的“后退”，为我们提供了“前进”的思路。

三　开拓创新：文化唯物主义

对英国第一代新左派思想家而言，他们不但面临着清算斯大林教条主义的任务，而且肩负着探索马克思主义在英国的发展道路的重任。英国新左派思想家们对马克思主义道路的探索，都是从文化领域着手的。这一方面是因为在“二战”后，英国经济的发展使得社会矛盾相对缓和，政治斗争不再那么尖锐；另一方面，大众文化的发展使得工人阶级文化具有被整合进入资本主义文化体系之内的倾向，从而使得工人阶级的激进性得到消解。理查德·霍加特的《识字的用途》一书，体现的就是随着工商业文明的兴起大众文化对工人阶级生活方式及文化传统的巨大颠覆和重塑作用。如今回望

---

① Raymond Williams, *Who Speaks for Wales? Nation, Culture, Identity*, Daniel Williams, ed., Cardiff: University of Wales Press, 2003, p. 19.

② Raymond Williams, *Resources of Hope: Culture, Democracy, Socialism*, Robin Gable, ed., London. New York: Verso, 1989, p. 229.

③ ［英］雷蒙德·威廉斯：《政治与文学》，樊柯、王卫芬译，河南大学出版社2010年版，第325页。

当时新左派思想家的文化贡献，威廉斯的文化唯物主义可以说是一项标志性的成果。

作为第一代新左派的中坚力量，威廉斯一直著书立说，并以《新左派评论》等刊物为阵地宣扬自己的文化主张。他从早期的文学与文化批评入手，通过对乡村与城市文化变迁深入地分析与观察，最终形成了以文化唯物主义为标志的理论体系。在《雷蒙德·威廉斯的新左派政治学》一文中，罗宾·布莱克伯恩对威廉斯做出如下评价："威廉斯著作有一个典型特征，即在其主要著作中都可以找到对当代问题的直接的政治反思，当然，其方式或许在一个历史学家看来并不那么恰当。威廉斯的著作都有历史维度。但这种历史的眼睛是看着当下的；在那里，当代经验得到有针对性的援引，以对文化理论进行批判的检验。"[①] 布莱克伯恩想要说明的是，威廉斯的思想是建立在历史分析之上的，并且具有现实针对性。威廉斯思想的这种特征，源于他对唯物主义的坚持，体现在他对"文化唯物主义"的建构过程中。

"文化"与"乡村"是威廉斯构建文化唯物主义的关键词。在《文化与社会》《关键词》和《漫长的革命》中，威廉斯都对"文化"的含义进行过阐释，体现出他对"文化"这一复杂问题的长期思考。同时，威廉斯又特别关注那些讲述英国现代化进程中普通劳动者命运的作品。在《从狄更斯到劳伦斯的英国小说》和《乡村与城市》中，威廉斯大量引用此类描述。威廉斯此举并非简单地为劳动者不平而鸣，他想要做的，是透过文字剖析隐藏在人们文化消费中的"意识形态国家机器"，以及支撑这种"意识形态国家机器"的经济现实，所以他从文学作品中看到的是经济和社会关系变迁。对威廉斯而言，各种田园的或非田园的乡村意象，不过是复杂

---

① 张亮编：《英国新左派思想家》，江苏人民出版社2010年版，第59页。

社会关系在文学中的折射。

《马克思主义与文学》是威廉斯思想进入成熟时期的作品，也是对前期观点的理论总结。威廉斯深知用具体实例阐释抽象概念的重要性，但在《马克思主义与文学》一书中仍然坚持晦涩的文风。威廉斯解释说，这是因为“书中的每一个观点都是从我一直认真从事着的那些具体工作中推导出来的”，而且“这里需要的实际例证已经被我在自己的早期著作中预先提供了”。[①] 根据威廉斯的解释，如果结合《乡村与城市》等早期作品中的文学批评实例，就能够更加透彻地理解威廉斯的思想。换句话说，威廉斯对乡村、文化和城乡关系的探讨过程，实际上也是逐渐形成其文化唯物主义的过程；《乡村与城市》思想的展开，也是《马克思主义与文学》中文化批评方式的具体展现。威廉斯以历史唯物主义为指导，整合英国本土经验和理论资源，吸收其他国家的相关理论，最终形成了标志性的文化唯物主义观。这一观点实际上是对传统马克思主义理论的英国化。他同其他第一代新左派思想家一起，改变了英国马克思主义的发展状态。

威廉斯在看待问题时，坚持唯物主义立场。他熟读马恩著作，在马克思主义未及充分展开的领域深耕细作。对唯物主义的坚持使得威廉斯的著作经得住推敲与检验，也使得他的理论不同于同时代其他左派思想家。尽管新左派知识分子在追求多样性、多元化和草根精神方面基本上是一致的，但具体观点却千差万别。学者玛德琳·戴维斯在《英国新左派的马克思主义》一文中指出，有些新左派思想家在思想发展历程中对经典马克思主义的信仰发生了某种程度上的偏离，但“威廉斯的发展轨迹则刚好相反：随着工作的深

---

① ［英］雷蒙德·威廉斯：《马克思主义与文学》，王尔勃、周莉译，河南大学出版社 2008 年版，第 6 页。

入，他与马克思主义的关系越来越紧密了”[①]。

坚持历史唯物主义这一前提使得威廉斯的文化思想不至于偏离现实，或者出现明显的浪漫主义色彩。同时，在研究文化与文学时坚持“历史唯物主义语境”，实际上意味着主张一种“总体性”研究，这使威廉斯无论是在城乡关系理论当中，还是在分析其他英国社会问题时都不会出现偏颇。他进入以前唯物主义思想未曾深入关注的领域，对人们从新的视角理解马克思主义唯物观、并以此观照社会现实具有重要启发意义。进入 21 世纪后，威廉斯思想——尤其是其“文化唯物论”——在中国得到了很多学者的关注。这很大程度上便是因为，他对历史唯物主义的坚持，使得他比其他左派思想家与中国文化研究者具有更多的契合点。

威廉斯的文化唯物主义无论是对同时代的左派思想家，还是对普通知识分子，都具有重要的引领意义。即便是在第一代新左派思想家的内部，各种观点也并不统一。威廉斯与汤普森和理查德·霍加特之间都存在理论分歧。在与其他左派学者的交流回应过程中，威廉斯经常起到匡正作用。在《文化与社会》中，威廉斯就曾对汤普森的一些具体观点提出过批评。雷蒙·威廉斯的作品影响了佩里·安德森等第二代新左派思想家年轻知识分子，并在理论上为两代新左派架设了一道重要的桥梁。一般认为，1956—1962 年是第一代新左派的主要活动时间。此后，以佩里·安德森为代表的第二代新左派显示出更多的理论与思辨倾向。尽管曾遭到第一代新左派思想家爱德华·汤普森的批判，安德森的这种理论化倾向并未改变。威廉斯虽然没有直接介入汤普森与安德森之间的争论，但他以具体行动表达了自己的观点与立场。他既从事文化活动，也参与政治活动。在理论作品《乡村与城市》以及之后发表的小说中，威廉斯表

---

① 张亮：《英国新左派思想家》，江苏人民出版社 2010 年版，第 2 页。

现了他对现实的高度参与。可以说，威廉斯以自己的亲身实践为年轻新左派成员树立了标尺，无形中对当时新左派的学术化倾向进行着消解。斯图亚特·霍尔等人因此把威廉斯视为思想上的导师，认为“正是在他的影响下，《大学与新左派评论》强调要把握整体社会历史发展以及社会总体性内部各种不同要素之间的互动关系”[①]，而非仅仅关注理论。

尽管威廉斯的文化理论在政治上几乎并没有产生实际效果，或在当时就引发了不少争议。但是不可否认的是，威廉斯的思想，为后来左派的学术和政治发展开拓了道路，并且至今对文化研究具有重要意义。威廉斯与汤普森等新左派思想家对文化的重视与开拓，不但为后来欧陆思想家如阿尔都塞、葛兰西等文化理论在英国的接受铺平了道路，而且还对后来不同的文化思潮具有启发之功。

近年来，威廉斯对女性主义的贡献，逐渐受到了研究者的关注。由于无论是在文学批评还是在小说创作中，威廉斯均未将女性处境和地位当作中心话题，所以有批评家指责他的小说缺乏女性主义维度。实际上，尽管威廉斯没有直接提出女性主义理论和主张，但他在小说中已经刻画了极力抗争和探索的女性形象。在威廉斯最重要的小说《边村》中，信号工人哈利的妻子玛丽为新出生的儿子起名为威尔，但是哈利坚持要让儿子叫马修。对此，玛丽毫不妥协，于是这个孩子就有了两个名字。在此争论之后，玛丽未跟自己的丈夫商量就做出决定，她绝不会再次生育，这将是他们夫妇唯一的孩子。《第二代》中工人运动女领袖凯特事业受挫，家庭生活平淡乏味，她极力寻求改变。但是她无力找到摆脱困境的方式，将同一名事业有成的中产阶级男子保持暧昧关系作为逃避现实的举措，最终陷入更大的精神危机。威廉斯在小说中并未详细描述玛丽和凯

---

① ［英］迈克尔·肯尼：《第一代英国新左派》，李永新、陈剑译，江苏人民出版社 2010 年版，第 67 页。

特的内心挣扎，但小说中的情节设置表明他显然对女性地位有自己的思考，这足以回应那些对威廉斯缺乏对女性主义问题关注的批评。

威廉斯对女性主义最重要的贡献，在于他的文化理论对后来女性主义者的启发。在《漫长的革命》一书中，他为人们识别社会形态中被忽视的维度提供了概念工具，这些概念成为后来女性主义者频繁运用的批判术语。朱丽叶·米歇尔于1966年发表《妇女：最漫长的革命》一文，借用"漫长的革命"这一术语，明显是对威廉斯思想的借用。在《唯物/酷儿理论：表现性，主体性，以及晚期资本主义文化中基于相似性的斗争》一文中，当代文学评论家罗布·卡弗分析酷儿理论时，熟练地运用"残余性"和"支配性"文化这样的术语，以威廉斯的观点支撑自己的批评理论[①]。

威廉斯的思想还为后殖民主义批评拓宽了视野。在《乡村与城市》一书中，威廉斯揭示了隐藏在英格兰"乡村大宅"文化和田园牧歌乌托邦幻象背后的资本积累过程以及在海外殖民地的疯狂劫掠。威廉斯进而将乡村与城市之间关系的演进予以系统而深入地探讨，并且指出二者之间的关系"实际上已经国际化了"[②]。威廉斯对自己的论断予以解释，他说："扩大生产，为现有世界重新制定秩序，改变传统定居方式，将存留下来的人变成无产阶级等，一直以来所有这些都以延伸了的形式出现在各个城市、殖民地和整个国际关系体系当中。"[③] 从乡村文化入手，威廉斯将视野拓展到国际关系，这实际上已经是在进行一种后殖民主义批评。在《现代主义的政治》一书中，威廉斯与后殖民主义理论家爱德华·赛义德一同接受访谈，他们思想的共性被文化界所公认。

---

① 张永清、马元龙编：《后马克思主义读本》，人民出版社2011年版，第198页。

② Raymond Williams, *The Country and the City*, New York: Oxford University Press, 1973, p. 396.

③ Ibid..

除此之外，威廉斯被墨菲和拉克劳等后马克思主义者也视为圭臬。后马克思主义者不断援引威廉斯，他们的许多观点都可以从威廉斯那里找到渊源。威廉斯文化唯物主义视域下的传媒思想，也成为当代新闻传播领域内研究者剖析消费社会广告、营销和互联网文化的重要理论工具。可以看出，威廉斯的文化唯物主义的影响已经完全超越了学科边界，辐射到各种不同的文化领域。回看威廉斯的思想，可以看出，他在整个西方马克思主义思想发展史上居于一个承前启后的位置。他不但对之前和同时代的西方马克思主义思想家进行了总结与超越，而且他所提出的问题和思维方式为后来的文化研究者提供了思路。

第二节　威廉斯乡村文化思想的局限

尽管威廉斯在英国文化研究史上的地位无人能够撼动，但他仍然是一个颇具争议的思想家。他的言辞中充斥着“革命、斗争、迫使、紧张、驱使”等具有暴力色彩的词汇，常被指责具有政治上的浪漫主义狂热、表述重复空洞等不同缺陷。作为一名文化研究领域内的开拓者和思考者，威廉斯的理论的确并不完美，他的乡村文化理论中也同样存在内在的矛盾和不足。虽然这些矛盾和不足掩盖不了威廉斯乡村文化思想的光辉，但是对其进行分析与反思却有助于深入了解威廉斯思想的全貌。

一　威廉斯的自我矛盾

在理论作品和小说创作中，威廉斯一方面对英国文化中对“美好往昔”的缅怀予以批判，另一方面又表现出田园叙事倾向和对乡村生活的淡淡缅怀，形成了一种田园与反田园情怀的矛盾。威廉斯乡村文化思想中的这一特征，直到威廉斯思想成熟之后仍未改变。

在论及乡村和乡村文化时，威廉斯的思想同当时的主导文化表现出极大不同。在《乡村与城市》中，威廉斯首先反驳了当时盛行的艾略特、利维斯式的精英主义思想。这种思想充满对中世纪乡村的缅怀之情，将昔日乡村打造成宁静、纯真的美好田园形象。威廉斯以英国经典田园诗篇入手，不断将时间回溯，试图对乡村有机社会进行历史定位。但是威廉斯发现："当我们在时间上回溯，不断向着更早、更快乐的英格兰乡村而去的时候，我们却无法找到一个地方、一段时期，来供我们真正停歇。"① 所以威廉斯最终得出结论：根本不存在所谓的"乡村有机社会"或"美好往昔"，乡村田园诗只是一种虚假的叙述，乡村田园只是在各种利益驱动下被选择过的意象。

威廉斯主张对乡村生活进行真实描述，所以对当时一些社会主义者贬低乡村的做法非常反感。他一直认为，这些社会主义者的态度多少是受到马克思主义的影响。在《乡村与城市》中，他多次提及马克思和恩格斯在下面这段话中对"农村生活的愚昧状态"的表述：

> 资产阶级使农村屈服于城市的统治。它创立了巨大的城市，使城市人口大大增加起来，因而使很大一部分居民脱离了农村生活的愚昧状态。正像它使农村专属于城市一样，它使未开化和半开化的国家从属于文明的国家，使农民的民族从属于资产阶级的民族，使东方从属于西方。②

在这段话中，马克思和恩格斯使用"愚昧"一词来形容乡村生

① Raymond Williams, *The Country and the City*, New York: Oxford University Press, 1973, p. 35.

② 《马克思恩格斯文集》第2卷，人民出版社2009年版，第36页。

活的封闭与狭隘。这种表述并非源自对农民的轻视，但是威廉斯对此仍然感到十分不满。他指责说，马恩言辞中隐含了一种价值判断：将城市和占主导地位的国家视为“文明的”；将乡村和处于从属地位的国家视为“未开化和半开化的”。尽管威廉斯对这段话的理解有所偏颇，但是从中也可以看出他对乡村居民的维护之心。他不赞同将乡村生活视为美好和谐的乌托邦，同时也无法忍受人们对乡村生活的贬低。

尽管威廉斯主张在创作中对乡村生活予以真实再现，但他自己的作品中也表现出了某种程度上的田园情怀。威廉斯本人深受英国文学传统影响，对乡村生活田园风光的想象与偏爱可能已经成为一种文化无意识。他的威尔士小说中充满了优美、宁静、纯洁的乡村意象。他将《边村》中的格林马尔村描写得生机盎然，如诗如画，一如他在《乡村与城市》中分析和批判的那些诗作。小说中马修的父亲哈利初到边村时的生活，是全书乌托邦色彩最为浓厚的部分。哈利工作之余便在房屋前后种菜、养蜂、栽种果树或是去附近农场拜访朋友，生活平静而惬意。花草、溪流、树木、蜂群、远山等田园意象不断出现，从远方呼啸而来的火车不但没有给当地的生活造成实质性的冲击，反而更加衬托出乡村宁静和谐的意境。

威廉斯的思想中不但有田园色彩，而且还具有浓厚的怀旧情结。丹尼斯・L. 德沃金认为，威廉斯像利维斯一样对有机共同体心怀眷恋，他内心怀有淡淡乡愁，并且“在他纵观一生的写作中都可以发现这种乡愁”[①]。在《乡村与城市》中，威廉斯回顾了大量关于乡村被动卷入工业化进程、乡村居民生活发生巨变的作品，对乡村居民的生活满怀同情。而在《为马诺德而战》中，主人公马修・普莱斯回到家乡时，旧时的回忆时时萦绕心头，小说因此弥漫

---

① Dennis L. Dworkin, Leslie G. Roman, *Views Beyond the Border Country*: *Raymond Williams and Cultural Politics*, New York: Routledge, 1993, p. 53.

着淡淡的感伤。马修·普莱斯身上有威廉斯自己的影子，这是威廉斯在接受《新左派评论》时曾经承认过的。威廉斯借描写马修的心情表达了自己对昔日乡村的缅怀，以及对乡村现状的担忧。小说中另外一个人物罗伯特·莱恩也非常理解人们对乡村传统生活方式的依恋，他认为马诺德居民面对变迁时不可避免地会产生抵触心理，所以说："当地居民不想要这么巨大的改变。他们希望本地有所发展、生活有所提高，但是不愿改变他们已经适应的居住地。"①

威廉斯的矛盾不仅在于他创作中的田园与反田园色彩，而且在于他对乡村进行田园化叙述的同时又不断刻画乡村中的矛盾与痛苦。英国农业已经成为典型的资本主义生产方式，甚至家庭内部的关系也因此出现了巨大变化。在论及他所亲身观察到的乡村时，威廉斯指出："在家庭内部的劳动是剥削性的，这一点毫无疑问。"②威廉斯将这种具有资本主义剥削性质的家庭关系在小说中体现了出来。小说《马诺德而战》中，小农场主各辛·詹金斯的弟弟和弟媳一直在农场辛苦劳作，但薪酬微薄且时常被借故拖欠。威廉斯曾在"威尔士三部曲"中的首部《边村》中展现过真挚友善的乡村人际关系，这种关系在某种程度上甚至符合乡村"有机社会"的理想。但在《为马诺德而战》中，威廉斯将人与人之间的关系刻画得紧张狰狞。兄弟之间为金钱失和，女主人处心积虑地防范女仆揩油，独居老人孤零零地死去，不谙世事的年轻小农场主被算计，乡村生活之间充满了精英主义者在城市中看到的恶。官员罗伯特·莱恩向马修诉说了自己对乡村发展的担忧：他发现同伦敦、伯明翰等地区的蓬勃发展截然相反，英国东南部欠发达地区出现了"渐趋空心化的乡村，没有工作的人们，还有正在消亡的共同体"③。

---

① Raymond Williams, *The Fight for Manod*, London: The Hogarth Press, 1988, p. 3.

② ［英］雷蒙德·威廉斯：《政治与文学》，樊柯、王卫芬译，河南大学出版社 2010 年版，第 55 页。

③ Raymond Williams, *The Fight for Manod*, London: The Hogarth Press, 1988, p. 16.

威廉斯思想中的内在矛盾使他的作品充满了保守与调和色彩。威廉斯笔下的乡村如同他在《乡村与城市》中对经典英国文学作品所做的总结一样，常常是“经过选择”的、“被遮蔽”[①] 了真相的乡村。《边村》中信号工人哈利的生活一直宁静悠然，直到哈利参加全国铁路工人大罢工时，才因收入减少导致经济上出现短暂紧张。但恰恰是这一部分描写，展现出威廉斯作为一名生活在资本主义国家的马克思主义知识分子在思想上的调和色彩。哈利通过出售自己种植的蔬菜和打零工来贴补家用，一家得以顺利度过危机。考虑到罢工期间哈利经济拮据，好心的房东太太坚决拒收哈利送来的房租，要等到罢工结束后再论此事。现实生活中有可能表现为激烈冲突的事件，在小说中被人性的美好与善良所化解，阶级之间的紧张与冲突被淡化。这种情节使得威廉斯小说中的现实批判色彩锐减。

在《边村》中，人与人之间和谐的关系超越了经济利益和阶级差别，工业社会中有产者与无产者之间的利益冲突被规避。那场真正涉及无产阶级与大资本家之间直接冲突的大罢工，并未给故事中的人物带来太大的损失。除了支持罢工的火车站站长被外调、哈利被裁员之外，其他人的生活仍然回到了正常轨道。哈利失业后面临巨大的经济压力，此时威廉斯再次运用了他的阶级调和本领。原本反对罢工的信号工人梅雷迪斯利用一个工作机会同上级谈判，迫使上级收回解雇哈利的成命。工人阶级联合起来的斗争尚不能保证工人的利益，而梅雷迪斯单枪匹马同强大的大资本家谈判却取得了胜利。这个情节尽管十分感人却有悖于现实，所以更像是作者的美好幻想而非对现实的真实描摹。

哈利的好友摩根对罢工结果极为失望，于是脱离工人阶级队

---

① Raymond Williams: *The Country and the City*, New York: Oxford University Press, 1973, p. 182.

伍，成为一名成功的农产品经营商。摩根的资本原始积累既不像马克思在《资本论》里描述的那样血腥，也不像威廉斯本人在《乡村与城市》里分析的那样残酷，而是充满了温情与善意。摩根将村民的土特产运到城镇里出售，不但自己盈利而且也为村民提供了更多收入来源。摩根在最初扩大生意规模时没有遇到任何障碍，也没有遭遇强大资本力量的倾轧。这种乌托邦式的乡村生活削弱了《边村》的现实主义力量。威廉斯的学生特里·伊格尔顿曾说，“马克思主义所要阐明的是男男女女为摆脱一定形式的剥削和压迫而进行斗争的历史”[①]。从这个角度看，威廉斯在《边村》中将边界乡村刻画成没有阶级冲突、没有斗争的田园乌托邦，对阶级冲突的淡化和消解已经使威廉斯偏离了马克思主义文化思想的道路。

特里·伊格尔顿认为，威廉斯的思想具有浓厚的个人经验色彩。在伊格尔顿看来，威廉斯这个乡村工人阶级子弟在进入剑桥大学接受教育后，其思想观点始终没有摆脱他身份的影响：“社会身份的转变使他承受着非同一般的阶级冲突：无产阶级/资产阶级，区域/大都市，乡村/城市，以及他家庭环境中包含的英国农业与工业的区分。”[②] 正是威廉斯个人经历和思想观点中存在的这种内在冲突，最终导致了他的乡村文化观中所呈现的田园与反田园色彩。

二　有限的解决方式

威廉斯凭借自己敏锐的洞察力，发现了英国社会与文化发展的新动态，同时也认识到英国乃至整个人类社会所面临的问题。但是威廉斯对于自己提出的许多问题并未给出答案，甚至也没有做出进行解答的努力。虽然人们不应苛求一个已经在多个领域内均有开拓

---

① ［英］特里·伊格尔顿：《马克思主义与文学批评》，人民文学出版社 1980 年版，第 2 页。

② Terry Eagleton, *Criticism and Ideology*, London: Verso, 1976, p. 24.

之功的理论家能够面面俱到，但威廉斯的确为人们留下了许多尚未解决的难题。

威廉斯在看待乡村问题时常具批判锋芒，但解决问题的思路却经常软弱无力。在为生态问题探讨出路时，威廉斯以他一贯的写作思路将各种生态观的来龙去脉一一道出。然而威廉斯最终给人的感觉是，生态问题在当今社会各方利益的干扰下难以解决。威廉斯最终无奈地提出了一个很没说服力的方案——"必须通过公平协商"①。威廉斯认为只有各方力量进行平等对话、互相协商才能解决生态问题，这种解决方案使得威廉斯顿失作为一名左派知识分子的批判锋芒。另外，威廉斯在实现"共同文化"的途径上同样显得力不从心。无论是边缘化的乡村文化，还是被精英阶层所轻视的大众文化，它们与英国统治阶层文化之间总是存在着巨大张力。威廉斯无力克服这种张力，所以他的"共同文化"理想固然前景美妙，但如何真正落实却是相当棘手的问题。所以爱德华·汤普森遗憾地评论道："建立共同文化的尝试，就像建立公有制和合作社一样，只要是在资本主义内进行的尝试，都必然只能满足于碎片式的成功。"②

从威廉的乡村文化思想来看，作为新左派思想家的威廉斯，实际上并没有完全摆脱资产阶级文化思想的影响。佩里·安德森在《思想的谱系》中提到爱德华·汤普森对威廉斯《漫长的革命》的评价，安德森说："爱德华对雷蒙德的指责之一，是他的风格和思绪已经被统治阶级的学术同化了。"③ 爱德华的批判同样适用于威廉

---

① Raymond Williams, *Resources of Hope*: *Culture*, *Democracy*, *Socialism*, Robin Gable, ed., London: Verso, 1989, p. 220.

② ［英］爱德华·汤普森：《漫长的革命》，选自张亮、熊婴编《伦理、文化与社会主义：英国新左派早期思想读本》，江苏人民出版社 2013 年版，第 390 页。

③ ［英］佩里·安德森：《思想的谱系：西方思潮左与右》，袁银传等译，社会科学文献出版社 2012 年版，第 214 页。

斯的乡村文化思想，他对乡村的认识没有也无法完全脱离资产阶级知识分子的影响。比如，威廉斯认为传统都是具有选择性的，但威廉斯本人也没有摆脱这种传统。美国学者丹尼斯·L. 德沃金和莱斯利·G. 罗曼在合著中指出，威廉斯的文学批评文本常常是利维斯等人解读过的西方文学经典，这实际上是在“无意识地复制他一直在竭力反对的‘选择性传统’”[①]。另外，威廉斯对资本主义的批判，也同当时许多精英知识分子一样主要从文化和理论层面着手，缺少从经济领域的深度剖析。威廉斯在为《政治与文学》工作时，其他批评家也大都从政治而非经济角度分析问题。威廉斯后来反思说，“我们严重缺乏经济学家，而经济领域本该是我们的主要战场”[②]。

除了在经济批判上的欠缺外，威廉斯作品中对英国阶级状况的描述也非常单薄，所以威廉斯说，“当我写作《文化与社会》的时候，如果我读了《英国工人阶级的形成》写出的书就会非常不同”[③]。对经济和阶级问题认识不够深刻，多少削弱了威廉斯的批判力量。在19世纪的英国作家中，威廉斯尤为推崇擅长描写乡村题材的小说家哈代，他认为哈代的作品表述了英国社会转型时期某些家族的衰落以及与之相伴的另外一些家族的兴起。比如，在《德伯家的苔丝》中，苔丝一家的衰落是同亚力克一家的崛起相伴的。阶级流动性的残酷在哈代的作品中表述无遗，但是在威廉斯自己的作品中，却没有这种社会发展带来的激烈动荡。小说《边村》中无产阶级工人摩根在铁路工人大罢工失败后心灰意冷，脱离工人阶级队伍走向经商之路。威廉斯详细勾勒了摩根事业发展兴盛的全过程，

---

① Dennis L. Dworkin, Leslie G. Roman, *Views Beyond the Border Country*, New York: Routledge, 1993, pp. 2 - 3.

② ［英］雷蒙德·威廉斯：《政治与文学》，樊柯、王卫芬译，河南大学出版社2010年版，第59页。

③ 同上书，第91—92页。

但是在摩根发迹的过程中，小说并没有体现任何其他家庭破产或者生活困顿的情节。小说中最激烈的冲突，是摩根原先的工友梅里迪斯不能续租一块被摩根看中的土地。虽然这件事激起了梅里迪斯的愤怒，但不会给他的生活带来太大影响。在《为马诺德而战》中，小说交代摩根的工场因经营不善而被收购，但是对资本主义经济体系中的残酷竞争仍避而不谈。总的来说，威廉斯对乡村和城市的关注，旨在从文化上为资本主义的矛盾提供缓冲地带，并不准备挑破资本主义的脓疮。

虽然威廉斯是一名左派思想家，但他毕竟是资产阶级知识分子，其思想中存在保守和妥协的一面在所难免。同他在乡村文化研究领域的开拓之功相比，这些缺点就显得微不足道了。威廉斯在世时许多思想家对他的《乡村与城市》等作品褒贬不一，但威廉斯去世尚不到 30 年，英国文化界就认识到了威廉斯的远见以及他退回到乡村梳理文化传统的苦心。所以如今英国的威廉斯研究仍然兴盛未衰，而且各种威廉斯的作品，尤其是具有威尔士特性的作品一再得到出版。中国的威廉斯研究自从 20 世纪 90 年代以来一直兴盛不衰，各种译著和评论作品不断涌现。事实足以证明，威廉斯的乡村文化思想具有旺盛的生命力，在新的时代仍然焕发着勃勃生机。

小　结

威廉斯在英国文化研究领域的声望，很大程度上来自他对新兴传媒、大众文化和工人阶级文化的支持。他被视为激进的左派思想家，也与他对当时文化保守主义思想的批判有关。但是这些评价都忽略了他对乡村文化的毕生关注。他一再将目光投回威尔士故土，不断在文学作品中寻找着乡村逝去的生活方式。威廉斯的最终目的并非怀旧，而是为乡村探索更美好的未来发展方向，并寻找现实依据来批驳那些以遮蔽乡村真相来维护精英文化、打压新兴大众文化的思想。考虑到当时多数知识分子将目光集中于对工人阶级、城市和大众文化的观察与分析，威廉斯从乡村文化出发剖析整个英国社会的思路就更加难能可贵。

尽管威廉斯对英国文化研究贡献卓著，他在世时却是一个备受争议的人物。他的写作风格、理论观点以及某些作品中对英国经验的偏重，都是理论界批评的标靶。这种现象部分的是出于人们对威廉斯的误读或误解，但与威廉斯思想中固有的不足也有不可分割的联系。作为一名既有激进倾向又有保守色彩的思想家，他思想中的内在矛盾也在其乡村文化观中暴露了出来。他对乡村田园生活既批判又向往的态度，是他激进而保守立场的具体表现。威廉斯将生态、民主等棘手的问题寄希望于社会主义，但对走向社会主义的途径，却极少论证。可以看出，即使在威廉斯激进的思想中，也包含着一名资产阶级学者的保守立场。

作为一名来自乡村工人阶级家庭的知识分子，威廉斯既有在乡村劳动者当中生活的亲身实践，又有在精英主义氛围浓厚的剑桥大学读书和教学的漫长经历。他既对劳动大众满怀深情，又受资产阶级意识形态影响。他既有同资产阶级妥协的一面，又有矢志不渝地坚持社会主义理想的一面。所以对威廉斯既激进又保守的乡村文化思想，必须在谨慎甄别的基础上才能予以借鉴。

结　论

在1958年出版的成名作《文化与社会》中，威廉斯提出“要把文化理论当作整体生活方式中各要素之间关系的理论”[①]。在此后整整30年的学术生涯中，威廉斯从未偏离过对“各要素之间关系”的关注。他将文化视为“整体的生活方式”，从而使“文化”这一概念获得了前所未有的涵盖能力。文化与文学、艺术、政治、经济与民主等不同要素交融，甚至将日常生活方式也囊括其中。威廉斯在作品中不断探讨各种联系。他的理论作品如《文化与社会》《乡村与城市》《政治与文学》《马克思主义与文学》《电视、技术与文化形态》《唯物主义问题与文化》，单从书名就可以看出其中蕴含了对不同文化要素的“关系研究”。《从狄更斯到劳伦斯的英国小说》《从易卜生到布莱希特的戏剧》则体现了不同社会历史时期的作家思想的前后关联。威廉斯本人也认为他所有作品之间“暗含关联”[②]。如果用一个关键词来描述威廉斯文化研究的特征，那么这个词必定是“联系”。

威廉斯独特的生活与学术经历，使他处于各种不同文化之间的交锋地带，从而得以看清各种文化之间的相互关系。威廉斯出

---

① Raymond Williams, *Culture and Society 1780 – 1950*, Garden City: Anchor Books, 1960, p. vi.

② ［英］雷蒙德·威廉斯：《政治与文学》，樊柯、王卫芬译，河南大学出版社2010年版，第323页。

身于威尔士乡村工人阶级家庭，后来进入剑桥大学读书并最终成为剑桥大学教授。读书期间威廉斯不但接受了英国文化传统的熏陶，而且开始阅读马克思主义著作。多层面的生活经历使得威廉斯对威尔士文化、乡村文化、城市文化、精英文化、大众文化等不同的文化领域都有深入了解，并能以马克思主义的视域进行深入分析。由于能够亲历不同文化要素之间的冲突所带来的思想冲击，威廉斯比其他思想家更容易发现那些看似对立的力量之间的相互联系。

还原乡村生活真相、打破城乡二元对立是威廉斯研究各种文化关系的起点和内在主线。他在接受《新左派评论》杂志采访时说："现在看来，乡村与城市的联系似乎贯穿了一切事物。"① 威廉斯从乡村与城市的关系出发，指出乡村和城市都经历着同样的经济和社会变革，同样面临着种种挑战与问题，没有阶级剥削和冲突的昔日美好乡村只不过是一种意识形态神话。威廉斯的观点消解了英国文化中将乡村与城市对立的观点，使得英国精英阶层借缅怀乡村田园生活来贬抑城市大众文化的做法失去了依据。威廉斯"共同教育""共同体"和"共同文化"等重要观点的形成以及对文化、民主、社会主义的期待从某种程度上讲也都是建立在对乡村未来的思考之上的。威廉斯还以乡村与城市的关系推演国际局势，认为工商业落后的国家在功能上已经沦为强国的"乡村"，从而能够准确地把握国际政治之本质。威廉斯的《希望的源泉：文化、民主、社会主义》和《迈向 2000 年》等后期作品表面看来并无太多关于乡村的论述，但是仍大致遵循了他进行城乡关系分析时那种把看似对立的因素放在社会整体框架中予以联系的思维模式。

---

① ［英］雷蒙德·威廉斯：《政治与文学》，樊柯、王卫芬译，河南大学出版社 2010 年版，第 295 页。

总体看来，威廉斯的乡村文化思想始终在致力于改变乡村与城市、高雅文化与大众文化、传统与现代、统治阶层与劳动大众之间的二元对立关系中。威廉斯将乡村置于整个英国社会环境中予以反思，发现乡村文化的变迁与社会、经济的变革密切相关，因此乡村文化便成为一种乡村的“整体生活方式”。威廉斯对乡村文化的思考，既为威廉斯最终形成“文化唯物主义”奠定了基础，又为这一理论提供了现实依据。因此，威廉斯对乡村文化的思考，无论是在思维模式还是具体内容方面，对威廉斯整套思想理论的形成都具有极其重要的作用。

威廉斯不但善于分析同一时空之中各种文化要素的横向联系，还注重同一文化要素在不同时期的历史关联。他追溯乡村，尤其是威尔士乡村在资本主义经济冲击下的变迁历程，从中发现乡村和乡村文化在现代社会中面临的危机，并进一步思考乡村的未来发展方向。威廉斯对不同时期美化和缅怀乡村观点进行梳理，从而清晰地展现了英国文化中的反工业主义暗流。威廉斯的做法是在促使英国知识界反思本民族文化，剔除传统中不利于现代社会发展的因素。因此可以说，威廉斯批判乡村“有机”社会的幻想以及探寻乡村未来的行为，实际上是在寻找将英国传统与现代性对接的途径，是在为过去与未来之间“创造联系”。

早在2000年，在一个主题为“21世纪人类的生存发展”研讨会上，费孝通先生指出：“在很多地方，传统中国社会与中国文化是乡土性的。”[①] 而美国学者马丁·威纳也曾在20世纪80年代提出：英国“看起来愈来愈有吸引力的传统实质上是乡村传统，而且大部分纯粹是在乡村幸存下来”[②]。正因为当代中国同威廉斯时代的

---

① 费孝通：《文化与文化自觉》，群言出版社2010年版，第306页。

② ［美］马丁·威纳：《英国文化与工业精神的衰落：1850—1980》，王章辉、吴必康译，北京大学出版社2013年版，第64页。

英国有着同样浓厚的乡村传统、同样面临着经济转型后文化和社会层面的挑战，所以在文化发展方面必然具有某种相似或相通之处。因此，威廉斯从乡村出发对英国文化与社会的思考，对我国当前文化建设具有重要参照意义。

参考文献

一 中文参考文献

（一）著作

［英］阿伦·斯克德、克里斯·库克：《战后英国政治史》，王子珍等译，世界知识出版社 1985 年版。

［英］阿雷恩·鲍尔德温等：《文化研究导论》，陶东风译，高等教育出版社 2004 年版。

［英］爱德华·汤普森：《英国工人阶级的形成》（上、下），钱乘旦等译，译林出版社 2013 年版。

［英］埃里克·霍布斯鲍姆：《民族与民族主义》，李金梅译，上海人民出版社 2006 年版。

［英］艾瑞克·霍布斯鲍姆：《断裂的年代：20 世纪的文化与社会》，林华译，中信出版社 2014 年版。

［美］丹尼斯·德沃金：《文化马克思主义在战后英国》，李凤丹译，人民出版社 2008 年版。

［美］丹尼尔·贝尔：《后工业社会的来临——对社会预测的一项探索》，高锋译，商务印书馆 1984 年版。

［美］戴维·哈维：《后现代的状况》，阎嘉译，商务印书馆 2013 年版。

董学文：《马克思主义文论教程》，北京大学出版社 2015 年版。

董学文：《西方文学理论史》，北京大学出版社 2000 年版。

费孝通：《文化与文化自觉》，群言出版社 2010 年版。

［美］弗雷德里克·詹姆逊：《时间的种子》，王逢振译，江苏教育出版社 2006 年版。

［美］弗雷德里克·詹姆逊：《文化转向》，胡亚敏等译，中国社会科学出版社 2000 年版。

［美］弗雷德里克·詹姆逊：《单一的现代性》，王逢振译，中国人民大学出版社 2009 年版。

［英］F. R. 利维斯：《伟大的传统》，袁伟译，生活·读书·新知三联书店 2009 年版。

黄应全：《西方马克思主义艺术观研究》，北京大学出版社 2009 年版。

［英］雷蒙德·威廉斯：《现代主义的政治——反对新国教派》，阎嘉译，商务印书馆 2002 年版。

［英］雷蒙德·威廉斯：《关键词》，刘建基译，生活·读书·新知三联书店 2005 年版。

［英］雷蒙德·威廉斯：《现代悲剧》，丁尔苏译，译林出版社 2007 年版。

［英］雷蒙德·威廉斯：《马克思主义与文学》，王尔勃、周莉译，河南大学出版社 2008 年版。

［英］雷蒙德·威廉斯：《政治与文学》，樊柯、王卫芬译，河南大学出版社 2010 年版。

［英］雷蒙德·威廉斯：《文化与社会》，高晓玲等译，吉林出版集团有限公司 2011 年版。

［英］雷蒙德·威廉斯：《漫长的革命》，倪伟译，人民出版社 2013 年版。

［英］雷蒙德·威廉斯：《乡村与城市》，韩子满等译，商务印书馆2013年版。

［英］雷蒙德·威廉斯：《希望的源泉：文化、民主、社会主义》，祁阿红、吴晓妹译，译林出版社2014年版。

刘放桐：《新编现代西方哲学》，人民出版社2006年版。

陆建德：《高悬的画布——不带理论的旅行》，生活·读书·新知三联书店2011年版。

陆建德：《思想背后的利益》，中信出版社2015年版。

罗钢、刘象愚主编：《文化研究读本》，中国社会科学出版社2000年版。

［法］吕西安·戈德曼：《隐蔽的上帝》，蔡鸿滨译，百花文艺出版社1998年版。

［法］吕西安·戈德曼：《论小说的社会学》，吴岳添译，中国社会科学出版社1988年版。

《马克思恩格斯全集》，人民出版社1971年版。

《马克思恩格斯选集》，人民出版社1995年版。

《马克思恩格斯文集》，中央编译局2009年版。

中国作家协会、中央编译局编：《马克思 恩格斯 列宁 斯大林论文艺》，作家出版社2010年版。

［英］马修·阿诺德：《文化与无政府状态》，韩敏中译，生活·读书·新知三联书店2012年版。

［英］迈克尔·肯尼：《第一代英国新左派》，李永新、陈剑译，江苏人民出版社2010年版。

［美］马丁·威纳：《英国文化与工业精神的衰落：1850—1980》，王章辉、吴必康译，北京大学出版社2013年版。

［英］佩里·安德森：《后现代性的起源》，紫辰、合章译，中国社会科学出版社2008年版。

［英］佩里·安德森：《思想的谱系：西方思潮左与右》，袁银传等译，社会科学文献出版社 2012 年版。

舒开智：《雷蒙德·威廉斯文化唯物主义理论研究》，学苑出版社 2011 年版。

［英］特里·伊格尔顿：《历史中的政治、哲学、爱欲》，马海良译，中国社会科学出版社 1999 年版。

［英］特里·伊格尔顿：《马克思主义与文学批评》，文宝译，人民出版社 1980 年版。

［英］特里·伊格尔顿：《马克思为什么是对的》，李杨、任文科、郑义译，新星出版社 2011 年版。

［英］特里·伊格尔顿：《理论之后》，商正译，商务印书馆 2010 年版。

［英］特里·伊格尔顿：《二十世纪西方文学理论》，伍晓明译，北京大学出版社 2007 年版。

［英］特里·伊格尔顿：《后现代主义幻象》，华明译，商务印书馆 2014 年版。

［英］托尼·本尼特：《文化与社会》，王杰、强东红译，广西师范大学出版社 2007 年版。

［英］托尼·本尼特：《形式主义与马克思主义》，曾军等译，河南大学出版社 2011 年版。

陶东风主编：《文化研究精粹读本》，中国人民大学出版社 2006 年版。

王杰编：《马克思主义文艺理论》，高等教育出版社 2011 年版。

吴治平：《雷蒙德·威廉斯文化理论研究》，甘肃人民出版社 2006 年版。

［英］希·萨·伯伦威尔：《马克思和世界文学》，梅绍武等译，生活·读书·新知三联书店 1982 年版。

谢少波：《另类立场——文化批判与批判文化》，赵国新、陈丽译，南京大学出版社 2009 年版。

杨炳编：《马克思恩格斯论文艺和美学》（上、下册），文学艺术出版社 1982 年版。

［英］伊恩 · P. 瓦特：《小说的兴起》，高原、董红钧译，生活 · 读书 · 新知三联书店 1992 年版。

殷企平等：《英国小说批评史》，上海外语教育出版社 2001 年版。

张亮编：《英国新左派思想家》，江苏人民出版社 2010 年版。

张亮、熊婴编：《伦理、文化与社会主义：英国新左派早期思想读本》，江苏人民出版社 2013 年版。

（二）论文

期刊论文

王佐良：《论威廉 · 科贝特的〈骑马乡行记〉》，《北京大学学报》1963 年第 3 期。

［英］艾伦 · 奥康纳：《雷蒙德 · 威廉斯的〈马克思主义与文学〉及“文化唯物主义”理论》，王尔勃译，《齐齐哈尔师范学院学报》1993 年第 3 期。

殷企平：《两种文化和英国高等教育》（上），《高等教育》1994 年第 2 期。

殷企平：《召唤新现实主义——威廉斯小说观述评》，《外国文学》1997 年第 5 期。

殷企平：《威廉斯小说观补论》，《浙江大学学报》2000 年第 6 期。

张新：《英国成人高等教育与开放大学》，《高等函授学报》（哲学社会科学版）2002 年第 5 期。

陆扬：《利维斯主义与文化批判》，《外国文学研究》2002 年第

1 期。

张平功:《文化研究语境中的英美文学研究》,《社会科学战线》2003 年第 6 期。

曹莉:《剑桥批评传统的形成和衍变》,《外国文学》2006 年第 3 期。

张亮:《汤普森“文化唯物主义”的理论与范式》,《吉林大学社会科学学报》2008 年第 5 期。

何卫华:《威廉斯与文学表征的“对位阅读”——以〈乡村与城市〉对意识形态的解构为例》,《文艺理论研究》2012 年第 4 期。

段吉方:《“感觉结构”与“文化唯物主义”的理论踪迹——雷蒙德·威廉斯文化唯物主义美学的理论细读》,《文艺理论研究》2013 年第 1 期。

阎照祥:《19 世纪早期英国托利主义析略》,《史学集刊》2013 年第 2 期。

赵国新:《英国工业资本主义衰落的文化起因说》,《外国文学》2014 年第 2 期。

姚文放:《话语转向:文学理论的历史主义归趋》,《文学评论》2014 年第 5 期。

刘娟:《论雷蒙德·威廉斯对历史唯物主义的释义与重建——一个文化唯物主义视角下的探索》,《长沙理工大学学报》(社会科学版)2016 年第 4 期。

博士学位论文

傅德根:《走向文化唯物主义》,博士学位论文,中国社会科学院研究生院,1998 年。

赵国新:《背离与整合——雷蒙德·威廉斯与英国文化研究》,博士学位论文,北京师范大学,2001 年。

吴治平:《雷蒙德·威廉斯的文化理论研究》,博士学位论文,南京大学，2006 年。

刘进：《文学与“文化革命”：雷蒙德 · 威廉斯的文学批判研究》，博士学位论文，四川大学，2007 年。

樊柯：《走向文化社会学——威廉斯文化思想研究》，博士学位论文，中国社会科学院研究生院，2010 年。

李林洪：《雷蒙德 · 威廉斯的“文化唯物主义”研究》，博士学位论文，中国人民大学，2010 年。

许继红：《雷蒙德 · 威廉斯技术阐释学思想研究》，博士学位论文，山西大学，2010 年。

侯岩：《雷蒙德 · 威廉斯的马克思主义文化传播学研究》，博士学位论文，北京语言大学，2010 年。

王晗：《雷蒙德 · 威廉斯的文化社会学思想研究》，博士学位论文，扬州大学，2011 年。

赵传珍：《文化理论中的政治哲学：评雷蒙德 · 威廉斯的历史唯物主义思想》，博士学位论文，中山大学，2012 年。

李丽：《雷蒙德 · 威廉斯的文化哲学思想研究》，博士学位论文，黑龙江大学，2015 年。

韩瑞峰：《感知结构：雷蒙 · 威廉斯的理论追寻》，博士学位论文，福建师范大学，2015 年。

赵金平：《雷蒙 · 威廉斯共同文化思想研究》，博士学位论文，黑龙江大学，2015 年。

高杨：《小说与文化：雷蒙 · 威廉斯的小说批评研究》，博士学位论文，吉林大学，2018 年。

李丽：《英国工人阶级文化与教育思想研究——以霍加特、威廉斯和汤普森为考察中心》，博士学位论文，浙江大学，2018 年。

二 英文参考文献

（一）著作

Raymond Williams, *Culture and Society 1780 – 1950*, Garden City: Anchor Books, 1960.

Raymond Williams, *Second Generation*, London: Chatto and Windus Ltd, 1964.

Raymond Williams, *Communications*, London: Penguin Books, 1970.

Raymond Williams, *George Orwell*, New York: the Viking Press, 1971.

Raymond Williams, *The Country and the City*, New York: Oxford University Press, 1973.

Raymond Williams, *Keywords*, New York: Oxford University Press, 1976.

Raymond Williams, *Marxism and Literature*, New York: Oxford University Press, 1977.

Raymond Williams, *The Sociology of Culture*, Chicago: The University of Chicago Press, 1981.

Raymond Williams, *Cobbett*, Oxford & New York: Oxford University Press, 1983.

Raymond Williams, *Towards 2000*, London: the Hogarth Press, 1983.

Raymond Williams, *The Year 2000*, New York: Pantheon Books, 1983.

Raymond Williams, *The English Novel from Dickens to Lawrence*, London: The Hogarth Press, 1984.

Raymond Williams, *Loyalties*, London: Chatto and Windus, 1985.

Raymond Williams, *The Fight for Manod*, London: the Hogarth Press, 1988.

Raymond Williams, *Raymond Williams on Television*, Alan O'Connor, ed., New York: Routledge, 1989.

Raymond Williams, *People of the Black Mountains*, London: Paladin Grafton Books, 1990.

Raymond Williams, *Writing in Society*, Thetford, Norfolk: Thetford Press. 1991.

Raymond Williams, *Raymond Williams: Television, Technology and Cultural Form*, Ederyn Williams, ed., London and New York: Routledge, 2003.

Raymond Williams, *Who Speaks for Wales? Nation, Culture, Identity*, Daniel Williams, ed., Cardiff: University of Wales Press, 2003.

Raymond Williams, *Cultural Materialism*, London, New York: Verso, 2005.

Raymond Williams, *The Volunteers*, Parthian: Library of Wales, 2011.

Raymond Williams, *Border Country*, Parthian: Library of Wales, 2013.

Alan O'Connor, *Raymond Williams*, Lanham: Rowman & Little Field Publishers, Inc., 2006.

Christopher Prendergast, ed., *Cultural Materialism: on Raymond Williams*, Minneapolis: University of Minnesota Press, 1995.

C. P. Snow, *The Two Cultures and the Scientific Revolution*, New York: Cambridge University Press, 1959.

Dennis L. Dworkin, G. Leslie, *Beyond the Border Country*, New

York and London: Routledge, 1993.

Dennis L. Dworkin, Leslie R. Roman, ed. , *Views Beyond the Border Country: Raymond and Cultural Politics*, New York: Routledge, 1993.

Fred Inglis, *Raymond Williams*, London and New York: Routledge, 1995.

F. R. Leavis, Denys Thompson, *Culture and Environment*, London: Chatto & Windus, 1964.

F. R. Leavis, *The Two Cultures? The Significance of C. P. Snow*, Cambridge: CambridgeUniversity Press, 2013.

F. R. Leavis, *Education and the University*, Cambridge: Cambridge University Press, 1948.

F. R. Leavis, *English Literature in Our Time and the University*, Cambridge: Cambridge University Press, 1979.

F. R. Leavis, *Towards Standards of Criticism*, London: Lawrence and Wishart, 1976.

F. R. Leavis, *The Critic as Anti – philosopher*, London: Chatto and Windus, 1998.

F. R. Leavis, Q. D. Leavis, *Lectures in America*, London: Chatto & Windus, 1969.

George Stuart, *The Wheelwright's Shop*, Cambridge: The Cambridge University Press, 1963.

Hywel Dix, *After Raymond Williams: Cultural and the Break – up of Britain*, Cardiff: University of Wales Press, 2008.

Ian Dyck, *William Cobbett and Rural Popular Culture*, Cambridge: Cambridge University Press, 1992.

Jeff Wallace, Rod Jones, Sophie Nield, ed. , *Raymond Williams*

Now: *Knowledge*, *Limits and the Future*, London: Mcmillan Press Ltd. , 1997.

Jim McGuigan, *Raymond Williams on Culture and Society*, London: Sage Publications Ltd, 2014.

John Higgins, *Raymond Williams*: *Literature*, *Marxism and Cultural Materialism*, London and New York: Routledge, 1999.

—, ed. , *The Raymond Williams Reader*, Oxford: Blackwell, 2001.

Joy, Raymond Williams, ed. , *D. H. Lawrence on Education*, Harmondsworth: Penguin Education, 1973.

John Eldridge, Lizzie Eldridge, ed. , *Raymond Williams*: *Making Connections*, London and New York: Routledge, 1994.

J. P. Ward, *Raymond Williams*, Cardiff: University of Wales Press, 1981.

Ken Coates, *The Crisis of British Socialism*, Nottingham: The Partisan Press, 1971.

Lesley Johnson, *The Cultural Critics from Matthew Arnold to Raymond Williams*, London, Boston andHenley: Routledge&Kegan Paul, 1979.

Monica Seidl, Roman Horak, Lawrence Grossberg, ed. , *About Raymond Williams*, London and New York: Routledge, 2010.

Nick Stevenson, ed. , *Culture*, *Ideology and Socialism*: *Raymond Williams and E. P. Thompson*, Aldershot: Avebury, 1995.

Paul Jones, *Raymond Williams's Sociology of Culture*: *A Critical Reconstruction*, London: Palgrave Macmillan, 2004.

Roger Sales, *Engish Literature in History 1780 – 1830*: *Pastoral and Politics*, New York: St Martin's Press, 1983.

Richard Hoggart, *The Uses of Literacy*, Harmondsworth: Penguin

Books, 1957.

Stephen Woodhams, *History in the Making*, London: Merlin Press, 2001.

Terry Eagleton, *Criticism and Ideology*, London: Verso, 1976.

Terry Eagleton, *Raymond Williams: Critical Perspective*, Cambridge: Polity Press, 1989.

Terry Eagleton, Matthew Beaumont, *The Task of the Critic*, London: Verso, 2009.

Terry Eagleton, *The Ideology of the Aesthetic*, Oxford: Blackwell, 1990.

Thomas Linehan, *Modernism and British Socialism*, New York: Palgrave Macmillan, 2012.

Tony Pinkney, *Raymond Williams*, Brigend: Poetry Wales Press Ltd., 1991.

Van A. Percy, *Raymond Williams and Culture: A Reception Study*, Doctoral Dissertation, 2002.

W. John Morgan, Peter Preston, ed., *Raymond Williams: Politics, Education, Letters*. London: Palgrave Macmillan, 1993.

(二) 论文

Andrew Miller, "Utopia and Science Fiction in Raymond Williams", *Science Fiction Studies*, Vol. 30, No. 2 (2003).

Asha S. Kanwar. "Raymond Williams and the English Novel", *Social Scientist*, Vol. 16, No. 5 (1988).

Barbara J. Price, "Cultural Materialism: A Theoretical Review", *American Antiquity*, Vol. 47, No. 4 (1982).

Barry Shank, "The Continuing Embarrassment of Culture: From the Culture Concept to Cultural Studies", *American Studies*, Vol. 38, No. 2

(1997).

Ben Harker, "Class Composition: *The Ballad of John Axon*, Cultural Debate and the Late 1950s British Left", *Science & Society*, Vol. 73, No. 3, 2009.

Chris Waters, "Raymond Williams Towards 2000", *Victorian Studies*, Vol. 37, No. 4 (Summer, 1994).

Christopher Hitchens, "George Orwell and Raymond Williams", *Critical Quarterly*, Vol. 41, No. 3 (1999).

David Lowenthal, "Raymond Williams, *The Country and the City*", *Journal of Historical Geography*, Vol. 23 (1976).

D. J. Cahill, "George Orwell: A Collection of Critical Essays by Raymond Williams", *Books Abroad*, Vol. 49, No. 4 (1975).

Elmer Borklund, "Williams, Raymond (Henry)", *Contemporary Literary Critics*, 2nd, et al., Detroit: Gale Research Company, 1982.

George H. Gilpin, Hermione de Almeida, "Williams, Raymond (Henry)", *Thinkers of the Twentieth Century: A Biographical, Bibliographical and Critical Dictionary*, edited by Elizabeth Devine et al., Detroit: Gale Research Company, 1983.

H. Svi Shapiro, "Society and Education in the Work of Raymond Williams: Aspects of the theory of the Long Revolution", *Journal of Thought*, Vol. 17, No. 4, (Winter 1982).

Ioan Davies, "British Cultural Marxism", *International Journal of Politics, Culture, and Society*, Vol. 4, No. 3 (1991).

JohahRaskin, "The Country and the City by Raymond Williams", *Science & Society*, Vol. 39, No. 4 (Winter, 1975/1976).

Keith G. Lumsden, Charles Ritchie, "The Open University: A Survey and Economic Analysis", *Instructional Science*, Vol 4 (1975).

Michael D. Higgins, "The Migrant's Return—a Personal Reflection on the Importance of Raymond Williams", *Critical Quarterly*, Vol. 39, No. 4 (1996).

Michael Wilding, "J. P. Ward, 'Raymond Williams'", *The Year Book of English Studies*, No. 15, 1985.

Paul J. Magnarella, "Cultural Materialism and the Problem of Probabilities", *American Anthropologist*, New Series, Vol. 84, No. 1 (1982).

Patrick Parrinder, "Raymond Williams, 1921 – 88", *Science Studies*, Vol. 15 (1988).

Peter Dirksmeier, "Providing Places for Structures of Feeling and Hierarchical Complementarity in Urban Theory: Re – reading Williams' *The Country and the City*", *Urban Studies*, Vol. 53 (5), (2016).

Renato Rosaldo, "Whose Cultural Studies?", *American Anthropologists*, Vol. 96, No. 3 (1994).

R. L. Brett. "The Country and the City by Raymond Williams", *The Review of English Studies*, Vol. 25, No. 99, (Aug., 1974).

Stanley Aronowitz, "On Catherine Gallagher's Critique of Raymond Williams", *Social Text*, No. 30 (1992).

Steve Baron, "The Study of Culture: Cultural Studies and British Sociology Compared", *Acta Sociologica*, Vol. 28, No. 2 (1985).